GLADIATEUR SUBVERSIF

Par Jean-Luc NOE

Du même auteur :

Les 9 Phases de la Spiritualité Appliquée

Préface

Oui, vous êtes remarquable ! Et mon talent, c'est de vous conduire vers la réussite dans tous les domaines de votre vie. Et bien plus. Votre existence tout entière sera métamorphosée. Votre vie sera parfaite, car elle répondra à VOTRE idéal. Mon engagement, c'est d'éveiller les consciences et de mobiliser les énergies pour passer à l'action. Ensemble, nous verrons comment optimiser votre potentiel de réussite, obtenir le physique de vos rêves, sans oublier un des piliers de la réussite : les relations humaines, ainsi que l'abondance financière. Osez la métamorphose de votre vie.

Que vous raconte mon histoire ? Cet écrit se veut un témoignage intime. Je ne suis ni un gourou ni un marchand de sommeil ! Mon cheminement a d'abord été classique, énergétique, puis ésotérique, symbolique, spirituel. Pendant plus de 20 ans, je me suis formé, j'ai arpenté les salons de développement personnel, divers sentiers introspectifs, les foires à la spiritualité, comme je les appelle. Je me suis forgé un passage à coups de serpe pour reconstituer un puzzle géant, dont beaucoup vont chercher à vous vendre une ou quelques pièces, mais jamais l'ensemble qu'ils n'ont jamais reconstitué tel que j'ai été guidé pour le faire.

J'ai d'abord été fonctionnaire avant de tomber dans la marmite du développement personnel. J'ai commencé par créer une entreprise, puis 7, qui comptaient au total 70 salariés. J'étais dans cette quête incessante du Graal. Tout me réussissait. En plus des affaires, j'avais une autre passion : la course automobile. Et, je l'avoue, j'étais plutôt bon.

Puis un jour j'ai TOUT perdu. Il me restait 80 cents en poche. J'ai eu envie de mourir, mais je n'avais même plus l'argent pour acheter la corde pour me pendre ! J'ai donc choisi de vivre. Pourquoi suis-je tombé ? Vous saurez tout dans mon livre, mais vous apprendrez surtout comment ne plus jamais vous effondrer.

Tout au long de ma vie, je me suis battu pour réussir : en tant qu'homme, entrepreneur, père de famille et mari. Je voulais décrocher la médaille d'or au quotidien. J'ai toujours recherché l'excellence, même dans la difficulté. Relier la raison à nos émotions. Je vis pleinement mes expériences avec une sérénité profonde. Mon bonheur repose sur des fondements solides. Aujourd'hui, je me dois de transmettre au plus grand nombre, le plus simplement possible, tout ce que j'ai appris au cours de ce dernier quart de siècle.

Tournez-vous vers votre espace intérieur ! Vous avez en vous tous les pouvoirs de l'Univers. Contrairement à ce que vous avez déjà entendu, votre réussite devra passer par des réglages mécaniques, une régénération puissante, fondamentale. C'est la vérité absolue ! Je le vis. Les personnes que j'accompagne l'expérimentent pleinement aussi.

Ayez foi en vous. Je veux vous transmettre les nombreuses vérités apprises tout au long de ma route vers la réussite, car elles m'ont aidé à donner le meilleur de moi-même. Soyez convaincu que vous pouvez tout faire. Vivez pleinement votre vie. Voyez grand ! Des gens essaieront de vous décourager, même parmi vos proches. Persévérez. Oui, affronter l'adversité vous rendra plus fort. Vous vaincrez les peurs. Acceptez le changement, le chemin est en vous. Oui, réussir sur tous les plans est possible. Vos capacités sont aussi grandes que l'Univers. Libérez vos rêves, aimez-vous, la vie vous aimera.

J'ai dévoré plus de 140 bouquins de développement personnel, j'ai fait des centaines de formations, assisté à des dizaines de séminaires et d'événements. Mon cheminement était de suivre les enseignements, la méditation, les exercices. J'ai rencontré 3 mentors qui ont changé à tout jamais ma destinée.

Oui, vous pouvez obtenir l'ultime bonheur, celui que vous recherchez, devenir un être puissant, ne plus jamais dépendre émotionnellement des autres ou des circonstances, dépasser vos peurs et vous sortir du mal-être. Affirmer votre véritable personnalité et reprendre le pouvoir sur votre vie.

Etes-vous prêt à devenir ce que vous voulez être ?
Etes-vous prêt à être votre meilleur ami ?
Etes-vous prêt à gagner le revenu que vous méritez ?
Avez-vous envie que cela change ? Oui. Vraiment ? Devenez le bâtisseur de votre vie. Retrouvez votre liberté. Bienvenue dans votre nouvelle vie. Voici ce que je veux que vous fassiez maintenant : commencez par lire ce livre.

Pour aller plus loin :
academieaime.com

Chapitre I : Si vous m'écoutez, vous oserez... vivre votre vie

L'enfant qui paraît au monde

« Vive l'impertinence, c'est mon ange gardien dans ce monde » Einstein.

Claude Romano a écrit : « De la naissance, je ne puis affirmer qu'une chose : je suis né ». Et pourtant, dès l'âge de 3 semaines, j'ai failli remonter à la maison mère puisque j'ai fait des crises d'asthme morbide. J'avais sans doute rêvé d'une fausse couche tardive. Bon, j'ai passé mes premières vacances en camping sous tente à oxygène, à l'hôpital. J'ai failli mourir. Me voilà au monde comme à la vie.

Une théorie explique que l'être humain a la possibilité de venir en ce monde à l'aide de son ange gardien. Vous choisissez la vie que vous voulez avoir. Mon ange gardien devait être un sacré bon commercial, car lorsque je suis arrivé ici, je me suis exclamé : non, mais ce n'est pas cela qui était prévu ! J'étais certain d'avoir signé trop tôt et je voulais repartir aussitôt ! En fin de compte, je suis toujours là. Notre naissance dépend de deux autres vies, et, au-delà, de toute une société, de toute une configuration. On ne naît jamais pour soi. Pour preuve, je suis sur cette terre grâce à la découverte d'un nouvel antibiotique ; j'ai servi de cobaye et j'ai survécu. Puis il s'ensuivit des crises d'asthme, puis des allergies qui ont fini par disparaître. Je comprenais déjà que naître signifiait : venir à la vie. La vie dans laquelle notre moi se féconde.

L'ouverture des possibles

Curieusement mes premiers souvenirs se sont cristallisés dès l'âge de 2 ans. C'est plutôt exceptionnel affirment les spécialistes. À l'âge de 3 ans, comme beaucoup de petits garçons, j'étais passionné par tout ce qui possède 4 roues et un volant, mais ce goût allait bien plus loin... puisque je connaissais toutes les marques de voiture présentes dans mon village, sans exception !

J'étais un enfant trop sage, mais je me suis vite « rattrapé » en grandissant ! Je me prenais pour un extraterrestre, non pas un de ces allumeurs d'étoiles, mais j'avais énormément de questionnements. Non, pas les fameux classiques « pourquoi » - que les psys appellent c'est le cas de le dire l'âge des pourquoi, que tous les parents connaissent - mais bien des questions existentielles et métaphysiques. Je n'obtenais pas de mon entourage de réponses aux questions qui me hantaient : « Qu'est-ce qui se passe sur cette terre ? Qu'est-ce que je fais ici ? » Il n'y avait pas une semaine sans que celles-ci ne reviennent.

Comment, à 5 ans, j'ai obligé ma mère à m'apprendre à lire !

Ma grand-mère paternelle m'a fait des cadeaux qui m'ont ouvert au monde : les livres. À l'âge de 5 ans, je ne savais pas lire, je n'étais pas encore à l'école, toutefois elle m'achetait des bouquins de la bibliothèque rose. C'était, pour moi, ce qu'il y avait de plus beau, de plus fort, de plus transcendant... c'était stimulant. J'ai eu des centaines de livres de bibliothèque que j'ai transmis ensuite à mes enfants : bibliothèque rose, verte, rouge et or, etc. Avec une autorité naissante qui devait sans doute ne pas rassurer mes parents, j'ai exigé de ma mère l'apprentissage de la lecture. Je voulais découvrir les histoires par moi-même. En CP, je savais déjà pratiquement lire par rapport aux autres. Pour un enfant de 5 ans, lire est une sorte de miracle. Une passion quasi boulimique pour la lecture m'accompagne depuis cet âge. Ce goût des autres à travers ces histoires m'a conduit au développement personnel. C'est devenu une inclination dévorante. Je ne savais pas à l'époque que j'en ferais ma mission le jour où j'ai appris à vivre.

Le jour où j'ai réalisé que ma vie n'était pas un film déjà écrit

Mon existence n'est bien sûr pas un film, voyons! Pourtant vers l'âge de 8 ans, j'avais de plus en plus conscience que : « c'était du grand n'importe quoi ce qui se faisait dans ce monde » et qu'il fallait tout raser et repartir sur des bases saines. Mes parents voulaient me conditionner pour être en tout point conforme au modèle classique de notre société : le fameux métro, boulot, dodo. Ce rythme pendulaire, cadencé, immuable. Je le refusais net. Mon père était ouvrier, ma mère femme au foyer, des gens très simples.

Chaque homme, chaque femme, est confronté à un moment de sa vie à ces questions existentielles : « Qui suis-je ? Où vais-je ? Que fais-je ici ? » L'être que l'on est trouvera ses réponses en fonction de son cheminement spirituel et de ses propres expériences. À 8 ans, je me disais que des choses ne collaient pas, que cette vie n'était pas normale. J'avais déjà une conscience à ce niveau-là.

Un cri de révolte contre l'autorité de mes parents

Se rebeller, vous me direz, rien de nouveau ! La majorité des enfants vivent cette sorte de révolte à l'encontre de leurs parents. C'est une expérience sur leur pouvoir, une façon de penser par eux-mêmes. « Je ne serai pas comme toi papa, je ne serai pas comme toi maman ». J'adopte alors un programme de développement pour affirmer ma personnalité. La mutinerie porte d'abord sur mon apparence. Il a fallu que je mange trop et que je devienne beaucoup trop gros et que mes camarades me détestent pour qu'enfin je m'insurge clairement contre mes parents. Je vous passe les sarcasmes à l'école, car à l'époque, être gros était loin d'être la norme. J'ai obtenu cette belle promotion... la révolte... d'abord envers mes parents. Je leur ai imposé de ne plus manger de pain ni de viande. J'ai tenu bon, j'ai gagné ce qui sera ma première bataille. J'ai conservé le même poids de mes 8 ans à mes 13 ans. J'ai bien entendu grandi et donc l'obésité s'était envolée emportant définitivement mes maudits kilos. Je commençais à plaire aux filles. Elles me trouvaient mignon. Malgré tout, j'étais considéré comme un ado décalé, car j'avais une conscience plus exacerbée.
Beaucoup d'enfants se sont construits une enfance gommée pour ne pas remettre en cause la volonté de leurs parents. Devenus adultes, ils ont du mal à sortir de leur chrysalide. Le dépassement de son enfance passe par la lucidité et, dans certains contextes, le pardon. Si vous continuez à masquer ce que vous avez

ressenti pendant votre enfance, vous serez en difficulté dans votre vie d'homme, de femme et également de couple. Nous y reviendrons plus tard.

Je serai pilote : tais-toi et fonce !

Enfin, c'est ce que j'aurais aimé entendre de la part de mes parents. J'avais un oncle qui faisait des rallyes et qui m'a emmené en reconnaissance dans sa voiture. J'avais 8 ans. À l'époque, on pouvait rouler sur la route avec des voitures de compétition. C'était dangereux, car il n'y avait pas les arceaux comme maintenant. J'ai attrapé le virus. J'étais un fan de voiture et je savais que : quand je serai grand, je serai pilote. Et je l'ai été pendant quinze ans. J'ai appris le pilotage automobile sur le tas et tout seul. J'avais une copine qui avait une voiture et j'ai fait des milliers de kilomètres avec son véhicule avant même d'avoir le permis. C'était pour moi un entraînement. D'ailleurs, je n'ai pas eu le permis du premier coup, parce que le moniteur me trouvait trop sûr de moi, en revanche, il ne m'a pas eu deux fois, donc j'ai pu décrocher le billet rose ! Dès l'obtention du permis, comme je vous l'ai relaté, je savais que je serai pilote. Quelques années plus tard, j'ai pu acheter ma voiture que j'ai préparée en voiture de compétition. Je n'ai pas suivi de cours de pilotage particulier sauf un cours de conduite sur un revêtement qui ressemblait à de la glace, un revêtement plastique arrosé en permanence. C'était une adhérence zéro. C'était très utile pour maîtriser les forces en mouvement dans un véhicule. J'ai travaillé à fond mes trajectoires, j'ai remporté une victoire de groupe dans le prologue de mon tout premier rallye. La fougue me permettait d'aller chercher la victoire. Des gens m'ont enseigné ensuite la géométrie des courbes, les forces centrifuges et centripètes, et je suis devenu un véritable technicien.

Voyez grand ! Vos capacités sont aussi grandes que l'Univers

Je prenais du plaisir uniquement lorsque je gagnais. L'échec était une option, pour moi, inexistante. Comme moi, vous devez absolument croire en vous. Parce que, finalement, que signifie l'échec ? Un objectif atteint ou pas ? L'échec est irréel, c'est un concept inadéquat, il y a seulement des expériences agréables ou désagréables. Et moi, je préfère les expériences agréables. Dans les parcs pilotes, il y avait beaucoup de gens qui disaient : l'essentiel est de se faire plaisir ou de participer, comme disait Coubertin. Ce sont des maximes inimaginables pour moi ! Si je fais quelque chose, c'est pour le faire à fond et donc gagner, sinon il n'y a aucun intérêt. Vous êtes en compétition par rapport à qui ? Par rapport à vous-même, pour vous améliorer. Et pour cela, il vous faut un témoin qui vous aide à vous situer. Et le témoin, qui est-ce ? C'est l'autre. Pour pouvoir s'évaluer, il faut pouvoir se comparer à quelqu'un d'autre : je suis sur la première marche du podium ou sur la deuxième, troisième... L'autre, en principe, ne doit être qu'un point de repère pour savoir si je dois m'améliorer ou bien si le travail que j'ai fourni m'a permis d'atteindre mon objectif. Or, dans nos sociétés, l'autre prend la forme non pas d'un repère à dépasser, mais de quelque chose que l'on doit abattre pour gagner. On n'est plus dans une simple comparaison, on est dans une bataille. On ne cherche plus à se surpasser soi-même, mais à surpasser l'autre, par tous les moyens. On est dans la confrontation et non plus dans la comparaison. On a un esprit guerrier et un ennemi à combattre. Les sentiments qui sont en jeu deviennent négatifs. La rivalité ne va pas de pair avec l'harmonie. En déséquilibre, il n'est plus possible de gagner pour l'image que l'on a de soi, pour atteindre un objectif personnel. L'autre qui n'aurait dû être qu'un point de repère et que l'on pourrait remercier simplement d'être présent devient un rival. On ne peut pas s'épanouir dans la rivalité.

L'exprimer, s'exposer... ou se taire

Combien de fois me suis-je évadé, étouffé par les platitudes qui s'abattent sur vous et vous cloisonnent ? Enfant, puis ado, puis jeune adulte, j'étais l'extraterrestre : « toi t'es bizarre ». Par exemple, l'idée que les gens sont obligés d'aller travailler pour avoir de l'argent pour vivre, les adultes et les jeunes m'expliquaient que c'était cela la vie. Je savais, sans équivoque, qu'ils étaient dans l'erreur. L'habitude fait de nous des « zombies » du travail.

Je suis anticonformiste et je l'assume

Cet anticonformisme venait sans doute de mon grand-père. Oh, ce n'était pas un homme parfait ! Mon grand-père refusait tout modernisme. Jusqu'à son dernier souffle, il a eu des chevaux et il a fini avec un âne. Les chevaux tractaient la charrue, la moissonneuse. Il n'y avait rien de mécanique chez lui. C'était le pur retour à la nature. Sommes-nous si dépendants de notre technologie moderne pour envisager un monde qui en serait affranchi ? Il n'y avait pas d'eau chaude, de salle de bains, la cabane au fond du jardin servait de W.C., avec les coupures de journaux... La toilette se faisait à la cuisine dans un évier en terre avec uniquement de l'eau froide. C'était spartiate. Cela peut paraître, pour certains, complètement rétrograde, mais c'était plus par non-conformisme. Mon grand-père aurait pu dire, à l'instar de Nietzsche : « Je ne vénère, sitôt revenu à moi-même, qu'une chose, chaque heure et chaque jour : la libération et l'insubordination morales ». Tout le monde ne peut pas choisir ce style de vie. Il se voulait plus proche de la nature, profitant de sa beauté, de sa quiétude. Mon grand-père m'employait dans les champs, pour les cornichons, les asperges, couper le foin, la luzerne. Je m'éclatais comme un fou ! Les conformistes vous diront : « Tout le monde pense que... », ou « tout le monde fait comme cela... » Il m'a inculqué une manière d'être anticonformiste avec ce fort besoin de me différencier des autres et de me sentir ainsi profondément libre.

« Il n'y a que deux façons de vivre sa vie : l'une en faisant comme si rien n'était un miracle, l'autre en faisant comme si tout était un miracle. » Einstein

Être juste présent au monde

La première fois que j'ai vu la mer, j'avais 10 ans. C'était en Bretagne. Pour une fois, on était parti en vacances. D'habitude les vacances, c'était chez mes grands-parents, pas très loin de là où j'habitais. L'océan a quelque chose d'extraordinaire. C'est là aussi que j'ai appris à nager dans de l'eau de source à 8°C. Je vis à présent dans un endroit paradisiaque et j'ai la chance d'avoir une eau à 25°C. Mais pendant des années je me suis baigné dans de l'eau à 12°C, dans la Manche, au mois de mars, dans un endroit demeuré assez sauvage.

Vous n'êtes pas la vague, vous êtes l'océan intérieur

Si vous aimez la mer, allez-y ! Vous n'aimez pas la mer ? Allez-y quand même ! Et contemplez la mer. Il y a des milliers et des milliers de vagues, mais le fond marin, lui, demeure calme et tranquille, comme la méditation profonde. Vous vous détachez peu à peu de toutes vos pensées parasites. Vous avez un regard plus clair sur votre vie et sur le monde. Quelques minutes suffisent pour respirer l'air marin, synchroniser votre respiration, vous déconnecter, revenir en vous et vous relaxer.

Vers l'âge de 20 ans, quand j'étais fonctionnaire, je retournais régulièrement au bord de la mer. Je me conditionnais en me répétant : je gagnerai beaucoup d'argent, je ferai ce dont j'ai envie. À mon avis, ce n'était pas de la méditation, mais c'était un état approchant. À cette époque, je ne pouvais même pas le nommer ainsi. J'appelais plutôt cela des rêveries.
C'était une certitude absolue, il était hors de question que je reproduise la vie de mes parents et de leur entourage. Cependant, en tant que fonctionnaire, j'étais bien dans ce bureau d'études. Je gravissais les échelons par concours, cela m'allait très bien. Par rapport à mes copains qui étaient dans le privé, je gagnais déjà ma vie beaucoup mieux qu'eux.
La mer et la plage, cela a vraiment été très impactant pour moi. D'ailleurs, pendant des décennies, j'ai continué d'aller dans cet endroit, et à un moment donné dans ma vie, j'ai même décidé de partir vivre en Bretagne. J'y ai vécu suffisamment longtemps pour finir par me considérer plus Breton qu'autre chose. C'était comme si je retrouvais mes racines. J'ai dû être Celte à

un moment donné ! J'adorais la pêche, le folklore breton, la mer, les côtes sauvages…

Cessez d'être pauvre !

Je passais des heures, seul sur la plage. L'introspection m'est naturelle. Regarder en moi pour voir ce qui s'y passe. Je pratiquais la méditation à l'époque, sans en connaître le terme. J'entendais le monde. J'avais une conscience exacerbée de tout ce qui se passait autour de moi, je commençais à visualiser mon avenir. Mon destin serait exactement l'inverse de la vie de mes parents qui ressassaient sans cesse : « l'argent, c'est difficile ». Je commençais à méditer sur le fait que j'en gagnerais beaucoup, pour toujours vivre toutes mes envies. Ce serait une forme de vraie liberté pour moi. Cette conscience exacerbée a continué à s'exercer. J'avais la certitude absolue que je n'avais rien à voir, symboliquement, avec mes parents : ne pas se faire écraser et défier le fatalisme social et économique. « Être pauvre, c'est le rester ! » voilà ce qui revenait le plus souvent, alors qu'en fait, je savais déjà ce je ferai vraiment. Je serai pilote et je gagnerai autant d'argent que j'en voudrai, c'était sûr.

Être riche, tout simplement !

Je suis devenu pilote et j'ai gagné beaucoup d'argent. Et pendant des années je suis retourné une fois par an voir cette étendue d'eau. La mer représente pour moi l'art et la manière de voir les choses factuellement, dans tous leurs aspects et de choisir ainsi celles qui m'offrent le plus de liberté. Quel bonheur de méditer !

Aujourd'hui, je vis au bord de la mer, sur mon lagon, les pieds dans l'eau.

Je veux vivre en première classe

Mon désir ardent était donc d'être indépendant financièrement. C'était le fil conducteur de ma vie. Je me suis toujours débrouillé pour avoir l'argent qu'il me fallait pour ne serait-ce que m'acheter les vêtements qui étaient à la mode. Je m'étais rendu compte que pour sortir du lot, pour conquérir ma liberté, avoir de l'argent était tout simplement incontournable. J'ai décidé de lutter de l'intérieur. Lutter de l'extérieur signifiait une mort sociale et la marginalisation assurées. Chacun de nous se joue à lui-même la comédie du travail laborieux, pour ne pas avoir à affronter l'évidence de cette vérité : « ***nous ne savons pas ce que nous faisons ici, ni en vue de quoi nous sommes ici, vivants, dans le monde.*** » *Pascal*. En clair, une vie dont le sens nous échappe. Nous nous cachons la nature misérable de notre condition. Pourtant, la vie est remarquable quand elle a du sens, qu'elle est accomplie. Elle ne saurait se réduire à la réussite financière. L'importance est donnée à l'amour et à la vie privée, à la famille, aux amis. Or pour être en synchronicité permanente, la réussite repose sur trois piliers : physique, relationnel et financier. Je développerai cet acquis plus loin dans le livre.

La vraie révolte, la vraie révolution… contre l'autorité

Ensuite, je suis devenu un révolutionnaire… La vraie révolte, la vraie révolution, consiste à rompre avec ces schémas, oserai-je dire, stéréotypes familiaux, éducatifs, et à explorer en dehors d'eux. Je me suis insurgé contre les prétendues autorités. Quelle autorité ? Autorité pour quoi ? Qu'est-ce qui confère de l'autorité ? Il y a la révolte violente qui n'est qu'une réaction imbécile contre l'ordre existant, et la profonde rébellion psychologique, qui est celle de l'intelligence. Dès l'enfance, votre esprit impressionnable, avide de connaissances, est abreuvé de diverses représentations. Votre cerveau est, petit à petit, façonné, conditionné, enfermé, de telle sorte que vous allez vous conformer aux schémas d'une société particulière.

J'étais plutôt intelligent et j'avais une cible de prédilection : les profs agrégés. Je me délectais de pouvoir les contrer avec leurs propres arguments. Ils me considéraient comme un ado infect tant et si bien qu'ils m'ont viré une première fois du bahut, car j'étais en tête de manif et considéré comme meneur subversif. Cela ne m'a pas empêché d'être accepté dans un autre établissement d'obtenir un BTS. Cette prétendue autorité avait cherché à avoir ma peau ! Ce qui m'a conforté dans ma position que des gens s'arrogeaient l'autorité et qu'ils n'en avaient pas l'envergure. J'étais très actif dans les manifestations d'étudiants, quand il s'agissait d'aller contrecarrer verbalement des illusoires autorités. J'en avais fait un art. C'était du pur orgasme intellectuel. Je peux vous garantir que je n'aurais pas aimé m'avoir en face à cette époque !
Je ne rentrais pas dans le moule. La gent féminine était attirée par ce côté outsider. J'avais une bande d'amis dont j'étais le leader. J'avoue, je me suis bien amusé.
Une chose est certaine, vous devez être conscient de ce que vous croyez ou ne croyez pas. Pour percevoir ce qui est, il faut un esprit de révolte intelligent. Voir « ce qui est » est certainement difficile. Comment peut-

on observer clairement ? J'allais m'en apercevoir à mes dépens.

Ce n'est pas la réalité qui nous limite, mais l'interprétation que nous en faisons

Dans le fameux cerveau collectif de Napoleon Hill, il y avait plusieurs modèles desquels je voulais récupérer les qualités. Pour ceux qui ne le connaissent pas, il a écrit à propos du pouvoir, des croyances et de la foi. Il est une des références pour obtenir ce que vous voulez dans la vie et faire fortune. Il a interviewé les personnes qui ont le mieux réussi à son époque.
Vous ne pouvez mettre en doute la puissance du pouvoir du cerveau sur votre vie et votre manière d'être : vous exprimer, comprendre, marcher, aimer. Le cerveau collectif procède des efforts conjugués de deux ou plusieurs individus, qui travaillent de concert dans un but bien défini. Si vous choisissez bien vos partenaires, vous pouvez vous enrichir grâce à un esprit coopératif et d'entraide. Aucune équipe ne peut atteindre son plein potentiel lorsque l'ego est impliqué. Pour devenir riche, il faut tirer des plans et organiser ses connaissances. La pauvreté à l'inverse se révèle facile d'accès, car elle ne requiert aucun plan.

J'avais donc des modèles hétéroclites. Il y avait, dans les années 80, un pilote automobile, François Cévert, surnommé Le Prince. Il comptait des exploits uniques pour l'époque. Il serait sans doute devenu champion du monde si la mort ne l'avait pas fauché. J'aimais son appréhension de la course, au point que je l'ai faite mienne par la suite. Lorsqu'il était sur une ligne de départ, il lui fallait absolument gagner, par tous les moyens possibles. La seule chose qui comptait, pour lui, c'était la victoire.

Parmi les écrivains, j'ai lu Boris Vian, un révolutionnaire, également, un individu anarchiste à l'attitude « apolitique » et très dérangeante. Je ne m'identifiais pas à lui, mais il avait des qualités qui me parlaient beaucoup.

Dans le domaine de la musique, il y avait David Bowie, par exemple, avec son style décalé. Il incarnait la différence.

Et dans mon quotidien, mon grand-père anticonformiste. Grosso modo, j'apprécie les gens en décalage par rapport à une époque ou une couche sociale.

Un jeune homme libre

Ce qui était amusant, avec ma bande de potes, c'était d'aller parfois au cinéma voir des films interdits aux moins de 18 ans. On leur demandait leur carte d'identité, mais pas à moi. Pourtant, j'étais le plus jeune de la bande. J'étais encore mineur, mais personne ne me demandait mes papiers.

J'avais 16 ans. Mes parents m'ont toujours laissé prendre une certaine liberté. Ils ne voulaient surtout pas entrer en conflit avec moi ! Parce que, j'étais quand même assez horrible, psychologiquement parlant. J'allais vraiment taper là où cela faisait mal, et systématiquement. Et cela a duré des années. Heureusement, c'est vraiment le genre de choses que je ne fais plus du tout, parce que je suis conscient des dégâts que cela a pu provoquer chez les autres.

Ma vie de débauche dans la jet-set

J'ai donc très rapidement bénéficié d'une grande liberté. À 16 ans, j'habitais dans une ville de province, mais je prenais seul le train pour aller passer mes week-ends à Paris et y faire la fête. Je fréquentais des boites, découvertes non pas par Internet, qui n'existait pas, mais via des guides touristiques, comme Pariscope - une publication qui parle nécessairement aux Parisiens ! - qui indiquait tous les endroits branchés.
Un champ de possibles s'est ouvert à moi sur tous les plans. C'était impressionnant, hallucinant ! J'ai réussi à entrer à la Scala, au Palace ou aux Bains Douches. Enfin les plus grosses discothèques à la mode. Et j'étais mineur ! Je faisais beaucoup plus mature, et j'étais habité d'un désir si ardent que jamais personne ne m'a demandé mes papiers. Non, jamais !

À Paris, je faisais le jet setter, pratiquement. C'est-à-dire que je faisais la fête dans tous les endroits en vue de la capitale. Des soirées mémorables. Je terminais très souvent dans le lit de femmes beaucoup plus âgées. Parfois, je me réveillais avec une enveloppe dans la poche. Un petit cadeau. Loin de me froisser, cela me faisait sourire. Je savais que le monde de la nuit était superficiel et qu'il était difficile, voire impossible, d'avoir des relations amicales ou amoureuses profondes. Je savais très bien que ce n'était que légèreté et extravagance. J'ai aimé côtoyer le monde de la nuit de manière intensive. Mais la jet-set, c'est d'abord une façon de vivre. L'argent semble être le seul prisme de leur existence, leur seule motivation, leur seule valeur.

Quelle morale en ai-je tirée ? C'était exceptionnel. Ces nuits parisiennes se sont déroulées sur une très courte période, deux à trois ans, mais qui aurait valu dix ans de vie pour d'autres individus. J'ai beaucoup appris sur la psychologie féminine. Sur la psychologie, grosso modo, de tout ce monde artificiel. Et cela m'a bien servi, des années plus tard, pour savoir qui j'avais en face de moi.

Le bonheur réside-t-il dans la richesse matérielle ?

Vous vous demandez si, finalement, ce n'est pas l'argent qui rend les gens superficiels et surtout si je n'avais pas peur de le devenir à mon tour, en gagnant beaucoup d'argent. Pas du tout. Le mot superficiel est aujourd'hui sur toutes les lèvres. C'est une manie que beaucoup de gens ont, c'est-à-dire tout polariser : la gentillesse s'oppose à la cruauté, l'amour s'oppose à la haine, la chaleur s'oppose à la froideur, la hauteur s'oppose à la petitesse, comme si tout était blanc ou noir. Quand une personne riche a une grande exigence morale et éthique, elle est au-delà de toutes les peurs inhérentes à la richesse. L'argent signifie liberté dans le sens noble du terme. Le bonheur est inconditionnel. L'argent n'est qu'une ressource et pas une finalité en soi.

Réfléchissez et devenez riche

Le premier livre que j'ai lu en développement personnel... En fait, il y en avait deux que j'ai lus en même temps. Ce sont des bibles. C'est « comment se faire des amis » et « Réfléchissez et devenez riche ».

Je les considère comme les plus importants de ma jeunesse. En effet, près de huit millions de lecteurs ont lu « Réfléchissez et devenez riche » de Napoleon Hill. Si la réussite, la richesse et l'indépendance financière vous attirent, ce livre vous est destiné. Ce livre est une base concernant la psychologie de l'argent et, au-delà, du succès à tout point de vue. Quant à « Comment se faire des amis » de Dale Carnegie, ce sont des conseils pour développer des relations humaines de qualité, à demeurer toujours positifs, à avoir des objectifs dans notre vie personnelle et professionnelle. Ensuite, j'en ai lu des centaines. J'ai poursuivi ma recherche en développement personnel dès que je suis arrivé dans le MLM (multi level marketing, vente multi niveau, marketing de réseau – cela en fait des noms). Pour ceux qui ne connaissent pas ce type de vente, c'est, rappelez-vous, bien avant l'arrivée d'Internet, Tupperware et ses fameuses réunions à domicile proposant des boites et ustensiles en plastique. En résumé, il s'agit de promouvoir le plus largement possible des services et produits tout en recrutant d'autres membres qui vont, à leur tour, promouvoir le MLM.

Un atout majeur pour réussir en marketing de réseau

Le développement personnel est très fréquent dans la vente multi niveau. Pendant des décennies, les plus grands esprits de notre temps ont analysé les meilleures techniques de succès et les personnages ayant le mieux réussi dans le monde. Ils en ont condensé la quintessence en quelques pages afin d'être lus par nous tous en quelques heures. Comme je suis un lecteur avide, les bouquins de développement personnel sont devenus de véritables livres de travail.

Ils sont tous surlignés dans tous les sens. Ils ont tous été appliqués. J'ai commencé à dévorer tout ce qui a été écrit sur le développement personnel dès l'âge de 20 ans.

Pour en revenir à Napoleon Hill plusieurs choses m'ont marqué. Il parle d'une clé, mais il ne la donne pas. C'est à nous de la découvrir. Il m'a fallu chercher pendant des années avant de la trouver. Mais surtout, ce dont je me suis servi longtemps, et dont je me sers encore, c'est le fameux cerveau collectif. C'est quelque chose d'hyper puissant, de vraiment fantastique. Et puis, surtout, j'ai appris qu'il faut avant tout, comme il dit, avoir un désir ardent. Et c'est toujours comme cela que j'ai mené ma vie. À chaque fois, c'était par passion.

Apprenez à mieux vous connaître et à améliorer votre communication et votre leadership

Dale Carnegie nous invite à mieux communiquer. J'ai d'ailleurs été animateur des entraînements Carnegie. « Quand vous avez tort, admettez-le promptement ». D'accord ! Mais qu'est-ce que cela signifie ? En fait, c'est la méthode pour prendre le pouvoir sur sa vie. Si vous considérez que ce sont les autres qui sont responsables de vos erreurs, vous êtes mort d'avance ! C'est foutu. Vous devenez victime. Alors, que là, c'est le contraire de la victimisation. « Si vous avez tort, admettez-le promptement ». Et cela a été un leitmotiv dans toute ma vie. Quoi qu'il m'arrive, je cherche toujours à savoir ce que j'ai fait de travers qui m'a amené là.

Nous sommes tous porteurs de notre histoire familiale, prenez-en conscience pour agir !

Tu veux gagner de l'argent ? Tu veux réussir ? Oui, tu peux y arriver ! C'est ce que j'aurais aimé entendre de la bouche de mon père et de ma mère. Quand on grandit dans une toute petite ville, on n'a pas beaucoup de modèles de réussite. Si vous voulez donner à votre enfant confiance en lui, vous le savez bien, mieux vaut éviter la critique et mettre en avant sa capacité à progresser, en s'appuyant sur des exemples concrets. Ainsi, vous le poussez à mettre en place des challenges et les réussites, même petites, qui en découleront - par exemple apprendre à nager- lui donneront confiance en lui et le goût de se dépasser. Vous l'encouragez indubitablement à donner le meilleur de lui-même et renforcerez sa propre estime. Malheureusement, mes parents n'avaient pas cette vision de l'éducation. Ils n'étaient pas du genre à encourager. C'était même plutôt le contraire. Ce qui fait que, malgré ma volonté de vivre dans l'opulence, je suis devenu fonctionnaire par facilité, une fois mon diplôme en poche. Les voisins de mes parents étaient dans la fonction publique, ils avaient l'air satisfaits de leur sort, je me suis dit : pourquoi pas !

Fonctionnaire : on recherche des gens motivés !

Je voulais mon premier emploi le plus vite possible et je l'ai donc obtenu très rapidement. Mes parents se sont écriés : « Ah, mais, en tant que fonctionnaire, tu as de la chance, tu as la sécurité de l'emploi ! Ce travail, garde-le ». J'ai pu évoluer dans la fonction publique, travailler et passer des concours. C'était une motivation pour continuer d'avancer. J'ai démarré en tant qu'employé dans une administration territoriale à

classer des journaux officiels. Je me régalais avec la dernière page, qui concernait les changements de nom de famille !
Mon poste se trouvait au sein d'un bureau d'études. C'était la joyeuse rigolade ! Hallucinant ! Les dessinateurs s'amusaient beaucoup entre eux, c'était impressionnant. J'allais au boulot le matin en sifflant. Je savais que j'allais m'éclater toute la journée. À l'époque les dessinateurs avaient des tables à dessin, des calques, etc. Il fallait dégraisser les calques avec une poudre qui ressemblent à du talc… Je vous laisse imaginer la suite. Une ambiance plutôt sympathique, je n'ai pas eu l'impression d'aller « trimer ».

Je me suis intéressé au dessin, même si je n'avais pas de diplôme de dessinateur industriel. Je vous le répète, mes collègues étaient plus des copains. Certains m'ont donc montré comment se déroulait leur travail. Un jour, une table de dessin s'est trouvée libre. Je m'y suis installé, puis j'ai simplement fait des essais avec des plans. Au bout d'un moment, cela a commencé à ressembler à quelque chose. Je devais continuer à m'entraîner. Un jour j'ai demandé au chef de service qu'il me donne un projet simple à réaliser et avec l'aide de certains collègues, j'ai réussi. Puis, j'en ai obtenu d'autres, c'est ainsi que j'ai pu passer le concours de dessinateur projeteur. Puis ce fut le concours en tant que responsable de service défense. Et c'est à ce niveau que j'ai atteint le plafond de verre. Je ne pouvais pas passer les concours des catégories supérieures, réservés à ceux qui sont issus des écoles d'administration. J'étais coincé.

Vous êtes maître de votre propre vie

La liberté a toujours été le fil conducteur de ma vie. Et puis j'avais ma passion, le sport automobile. J'adorais la vitesse. Croquer la vie à pleine dent, aller le plus vite possible. C'est pour cela que j'ai été très précoce, j'ai vécu plus vite que tout le monde. Je me mettais toujours les bouchées doubles, voire triple ou quadruple. Je ne voulais pas me contenter de peu. Mon leitmotiv : beaucoup de liberté, beaucoup d'argent !

Attention au plafond de verre !

Donc, au fil des années, je me suis retrouvé dans un bureau d'études, je me suis intéressé au dessin industriel, j'ai passé des concours. J'ai donc évolué. Mais 11 ans plus tard, je suis arrivé au plafond de verre. Je n'étais pas issu des hautes écoles d'administration, pas d'accès aux catégories supérieures. J'ai donc cherché une autre voie.

Marketing de réseau - MLM - des possibilités de gains illimités

***« Quand tu marches, marche. Assis, sois assis. Surtout n'hésite pas »* Yun-Men**

Fonctionnaire, j'ai découvert le marketing de réseau que je pratiquais en parallèle. Ces revenus supplémentaires représentaient 4 fois ma solde de fonctionnaire qui était déjà conséquente. À l'époque, c'était un business qui n'avait pas encore le vent en poupe. Je vous rappelle que le MLM représente 90 milliards d'Euros. Pour ceux que ce business intéresse, ce sont de vrais produits et services qui sont vendus, et on n'est jamais rétribué sur le recrutement, mais uniquement sur son chiffre d'affaires et celui de ses filleuls. Le MLM est une activité tout à fait légale encadrée par la Fédération de la Vente Directe (FVD). C'est une possibilité d'encaisser beaucoup d'argent et même de générer des revenus récurrents à long terme. Les possibilités de gain sont illimitées. Beaucoup de personnes gagnent énormément d'argent par ce biais. Cependant, ce peut être la meilleure ou la pire des choses. Si vous décidez de vous lancer dans le MLM par avidité, mieux vaut passer votre chemin. Car vous irez grossir les rangs des soi-disant leaders autoproclamés à l'égo surdimensionné qui vont perpétuer le modèle de société hiérarchiques en prenant leurs cooptés pour des esclaves.

Bien choisir son marketing de réseau (MLM)

J'aurais pu évoluer et avoir l'opulence, mais je n'avais pas opté pour le bon marketing de réseau. Aujourd'hui, je peux vous dire, avec précision, ce qui fonctionne et ce qui ne fonctionne pas. Je n'étais pas avec les bonnes up-line (groupe de vente). Lorsque ma up-line a décidé de s'en aller avec tout le réseau dans une autre société, je n'ai pas voulu la suivre par pure éthique. Comme j'avais, entre-temps, quitté le fonctionnariat, du jour au lendemain, je me suis retrouvé sans réseau et sans revenu. Mais il était hors de question pour moi de retourner en administration. J'avais réussi à me mettre en disponibilité pendant un an, puisque je ne pouvais pas démissionner. Cette interdiction est, pour moi, un système insidieux. Cela veut dire que pendant un an, vous avez toujours la possibilité d'y retourner. Mais, pour moi, ce n'était pas une option, c'était une impossibilité, cela aurait été un échec cuisant.

Réussir sans argent

En 15 jours, je suis passé de quatre fois ma solde de fonctionnaire à zéro. Mais je le répète, il était hors de question que je choisisse la facilité en retournant dans la fonction publique. Il a fallu que je trouve une solution. Ce n'est pas Google ou Apple qui ont inventé Facebook, Instagram ou Snapchat, mais de jeunes entrepreneurs. Ce n'est pas General Motors avec ses moyens considérables et ses d'années d'expérience, qui a conçu Tesla. J'ai choisi la voie des affaires et j'ai fini par avoir plusieurs business. Je me suis d'abord lancé comme consultant informatique. C'étaient les premiers balbutiements des PC. Il y avait beaucoup de besoins en formation et surtout en solution de gestion. Ensuite, j'ai choisi la téléphonie. J'ai gagné des revenus confortables.

Devenez un manager efficace

Le marketing de réseau m'a conduit au développement personnel ; c'est indissociable. À cette période-là, j'ai aussi été animateur des cours Carnegie. J'envoyais tous mes employés, assistantes et commerciaux à des formations de développement personnel. En tant que manager, j'ai toujours voulu les tirer vers le haut. L'objectif pour les secrétaires était d'améliorer leur sens relationnel, de manière à être performantes à n'importe quel poste. Et concernant les commerciaux qu'ils soient capables de s'auto-motiver, d'atteindre leurs objectifs, puis de les dépasser. En tant que patron, j'avais compris une chose : en leur témoignant de la confiance, mes employés n'étaient pas angoissés contrairement à certaines entreprises. Vous savez, celles où vous trouvez des gens victimes du burnout ou, pire, qui se suicident. Les formations s'étalaient sur pratiquement un an, à raison d'une fois par semaine. Ce temps était nécessaire pour que les changements soient profonds. Tous apprenaient à devenir plus efficaces, en exploitant au maximum leurs possibilités dans le dessein d'atteindre leurs objectifs les plus importants. Des pistes pour apprendre à se recentrer.

Livres et séminaires

Tous ces livres, puis les séminaires, ont modifié la composition de mon intérieur et ont changé ma perception de l'espace, des rapports entre les choses et du vaste cosmos autour de moi. Un véritable choc métaphysique. Ce qui m'a permis par la suite d'avoir toutes ces affaires, de les développer, de gagner beaucoup d'argent.

La transformation est fulgurante : le chiffre d'affaires augmente rapidement, les collaborateurs sont heureux de venir travailler et s'accomplissent. Les clients le ressentent devenant ainsi nos meilleurs ambassadeurs.

Vous ne pouvez changer les faits. Toutefois, et c'est primordial, vous avez le choix de pouvoir faire évoluer l'idée que vous vous en faites. Oui, vous êtes maître de vos choix. Ce qui est difficile, mais possible, c'est de vous débarrasser de vos mauvaises habitudes, de vos ancrages délétères du passé. Vous posséderez un élément essentiel : vivre pleinement. La confiance, en dénouant des nœuds, est créatrice de bonheur. Il y a une technique infaillible que je vous révélerai à la fin du livre. Ce sera pour vous un cadeau exceptionnel.

Pour aller plus loin :
academieaime.com

Chapitre II - 7 années d’enfer

7 entreprises

Au commencement de cette aventure, j'avais plusieurs entreprises en France, puis j’en ai délocalisé six à l’international. Il ne m'en restait qu'une en France. Je passais une semaine sur deux à l'étranger, l’autre en France. Et bien sûr je pratiquais toujours mes compétitions de course automobile. Mes activités étaient très différentes les unes des autres. Je vendais des vins de grands crus, j'avais réussi à obtenir des lots de vins haut de gamme de Bordeaux. J’avais des entreprises dans le High Tech, les énergies renouvelables, dans l'immobilier, dans l'automobile et dans la création de sociétés.

Stress, notre corps ment moins bien que nous…

Le stress m’a envahi comme une brûlure interne, sournoisement. J’ai continué malgré tout à gagner beaucoup d’argent, mais dans la douleur. Je me sentais limité physiquement et psychologiquement. Le stress, c'est comme un cancer, c'est viral, cela va très vite, il vous dévore le cerveau et vous n'êtes plus capable d'aller prendre les décisions adéquates. Vous êtes vidé intérieurement. J'ai failli mourir d'épuisement au travail. Je ne m'appartenais plus. Mes collaborateurs ont bien essayé de tirer la sonnette d'alarme. J'étais incapable d'écouter qui que soit. Travailler dans l'urgence était devenu mon mode de vie et je ne savais plus m'écouter, ni même mon équipe. Je me suis oublié jusqu'au jour où j'ai perdu le contrôle. J'ai mis deux genoux à terre. Je brûlais de l'intérieur, je me consumais. Sept sociétés, c'était devenu ingérable, d'autant qu'elles étaient disséminées en Europe. J'ai tout perdu en l'espace de quelques mois.

Exploser les portes intérieures

Je fais tout pour rester en vie, repoussant l'échéance du suicide. C'est le vide, l'absence. Je dois me mettre au travail, mais je n'ai plus la force. Le milieu professionnel devient le lieu au sein duquel se cristallisent toutes les émotions négatives. Le seul moyen d'être dans la révolte, c'est d'être contre la rationalité. Une envie d'exploser mon être tout entier. Je me sens très mal. Je hais le monde purulent, qui ne sait répondre qu'aux seuls objectifs de rentabilité et ne laisse qu'une place infime au sujet. La vraie souffrance, c'est qu'il n'y a personne pour vous écouter, pas même votre femme, votre famille, vos amis, vos relations, aucune attention portée par l'autre. Cela peut rendre fou ! Me battre. Affronter la réalité - avec ses accords et désaccords. Je dois me livrer aux Mystères de la vie. Il y a là-dedans quelque chose d'ardent et noble. Il s'agit de plonger dans les tréfonds de notre âme afin de mettre en ordre nos émotions.

Ce qui dépend de nous

« ***Parmi les choses, les unes dépendent de nous, les autres n'en dépendent pas. Les choses qui dépendent de nous sont par nature libres ; nul ne peut les empêcher, rien ne peut les entraver ; mais celles qui ne dépendent pas de nous sont impuissantes, esclaves, sujettes à empêchement, étrangères à nous.*** » **Épictète**

Pourtant, l'idée du travail sur soi, c'est aussi d'arriver à combattre le stress. Or, là aussi, j'avais atteint le plafond de verre du développement personnel. Et c'est ainsi que j'ai laissé entrer ce virus. Tous ceux qui le pratiquent, et parfois depuis des années, en font aussi l'expérience un jour ou l'autre.

Métamorphose personnelle

Encore une fois, j'ai tout repris à zéro. Je ne parle plus de développement personnel maintenant, mais de métamorphose personnelle, car cela nécessite d'aller mettre en place des choses qui vont complètement transformer votre état d'esprit. Et c'est exactement ce que je fais maintenant au quotidien et ce que j'enseigne à tous mes élèves, à métamorphoser complètement leurs vies, leur vision et leurs perceptions. C'est ce qui va leur permettre de sortir des carcans dans lesquels ils sont enfermés, conditionnés.

Épictète déclarait, 2 000 ans plus tôt, que nous ne devons pas nous attacher aux faits qui ne dépendent pas de nous. Notre réalité n'est que la représentation de notre édifice. La réalité n'existe pas. Pourquoi ? Nous avons tous notre propre réalité, la façon dont nous percevons les événements, notre interprétation des faits. Pour vaincre ce plafond de verre, nous devons tout d'abord le confronter à notre vérité.

Fourberie

« Ce *qui vient* au *monde pour ne rien troubler ne mérite ni égards ni patience* » René Char

Je suis quelqu'un qui veut toujours aller plus loin, qui ne se réjouit pas de ce qu'il a. Des gens se satisferont d'un développement personnel. Mais j'étais d'une autre nature. Je me sentais comme un dériveur de la vie. C'est normal, c'est l'amélioration perpétuelle. Le jour où vous êtes satisfait de ce que vous avez, vous n'avancez plus. Dans la vie, soit vous avancez, soit vous reculez, la stagnation n'existe pas. Il faut viser l'amélioration perpétuelle parce que c'est le plus important : améliorer les choses. C'est pourquoi nous sommes sur terre. Cela fait partie de l'évolution. Le fait de stagner ou de se contenter de ce que l'on a est anti évolutif. À chaque fois, j'ai su apprécier, et je continue d'apprécier tout ce que j'ai, mais m'en contenter... serait à l'inverse de l'amélioration permanente.

Les clowneries de la psychologie

Lorsque j'ai créé et géré mes 7 entreprises, je n'avais pas encore atteint mon objectif, c'est-à-dire l'opulence. J'étais sur le chemin. Mais dans la vie si vous êtes remis dans les mêmes conditions avec le même état d'esprit, vous ne modifierez pas votre vision des choses. C'est impossible puisque l'on vous remet dans le même état, dans les mêmes circonstances, avec vos mêmes « interconnexions neuronales ». Le résultat sera le même.

Quand je dirigeai ces 7 entreprises, je n'ai pas eu envie de ne me concentrer, par exemple, que sur 3 ou 4 boîtes au lieu des 7. D'autant que, derrière, il y avait d'autres personnes concernées. J'ai tenté de tenir tout cela à bout de bras. Erreur sur erreur, décision inadéquate sur décision inadéquate. Je ne voulais pas me séparer de quoi que ce soit puisque c'était ce que j'avais construit. Il était hors de question pour moi de penser différemment, je tentais de tenir tout cela à flot.

Échouer avec succès

Aujourd'hui, je comprends qu'il fallait passer par cette étape pour acquérir des bases solides, bien ancrées. C'est une certitude absolue. Sans cette expérience, je n'en serai pas là où j'en suis aujourd'hui. C'est une évidence. C'est avec le recul que j'en constate le bénéfice. Il est évident que de subir la perte de mes entreprises était pour moi un échec cuisant et non une expérience. Surmonter l'échec n'est jamais une partie de plaisir. La vérité est qu'il y a 20 ans, quand j'ai dû me relever, je n'aurai jamais affirmé qu'il s'agit d'un mal nécessaire.

Sur le plan relationnel, c'est assez spécial, car je n'ai jamais été dupe de quoi que ce soit. J'avais drainé dans mon sillage tout un tas de parasites - c'était un peu comme le roi avec sa cour - ils venaient flatter mon ego. J'étais entouré, mais au fond de moi, je savais que, de toute façon, les relations étaient superficielles et que s'il m'arrivait quoi que ce soit, ce serait l'envolée de moineaux ! Évidemment, tous les rats ont quitté le navire à une vitesse prodigieuse. Les rats, c'étaient mes relations proches et professionnelles. J'ai serré les dents, j'ai courbé le dos, parce que j'avais décidé que je continuerais. Je dois avouer que je m'étais posé la question souvent, au plus profond de moi, de savoir s'il ne valait mieux pas que j'arrête définitivement cette vie J'étais vraiment à deux doigts. Je me suis interrogé longuement. Il y avait nécessairement un truc que je n'avais pas compris, qui m'avait échappé. Il me restait une seule solution : tout reprendre depuis le début. Et, je tiens à le souligner, dans une adversité complètement hallucinante. Je devais trouver l'antidote. Et c'est exactement ce qui s'est produit. Le cheminement a duré 20 ans dont 7 ans de galère. Mais, au fur et à mesure, j'ai pu avancer.

Le chiffre 7

7 ans. Le chiffre 7 est intéressant dans une vie humaine. Le 7 est considéré comme le chiffre de chance par excellence. Il est le symbole d'une totalité, mais d'une totalité en mouvement ou d'un dynamisme total.

- Quelle est la définition du chiffre 7 en numérologie ? Le 7 est le symbole d'esprit, d'absolu, de connaissance, d'analyse, de recherche, de vie intérieure, d'originalité, mais aussi de solitude.

- Quelle est la signification du chiffre 7 dans la Bible ? Le chiffre 7 incarne la Perfection divine. Dieu crée le monde matériel en 6 jours, et le 7e, il accomplit son œuvre ; la bénédiction de Dieu (ou appelez-le comme vous voulez si ce mot vous dérange. Par exemple, remplacez-le par l'Univers) donnée et reçue. Addition du 3, symbole céleste de la Trinité, et du 4, symbole des 4 points cardinaux (la matérialité terrestre), le sept est également symbole de « l'union du Ciel et de la Terre ». C'est l'aboutissement de notre création par Dieu. Ce n'est pas seulement notre âme qui est bénie par Dieu, mais notre être tout entier. Notre corps est une bonne et belle chose, un merveilleux véhicule.

- Quelle est la signification ésotérique du 7 ? C'est un nombre de chance, mais aussi celui du mysticisme. Le 7 désigne la totalité des ordres planétaires, la totalité des demeures célestes et la totalité des énergies spirituelles : les sept Hespérides, les sept portes de Thèbes, les sept fils et sept filles de Niobé...

- Quelle est la signification du 7 pour les plus sceptiques ? C'est à 7 mois de grossesse qu'un bébé est "viable", 7 ans est l'âge de raison, la semaine a 7 jours, l'arc-en-ciel a 7 couleurs, la gamme diatonique est composée de 7 notes, les 7 cordes de la lyre, les 7 sphères, les 7 emblèmes du Bouddha, les circumambulations de La Mecque comprennent 7 tours. L'astrologie traditionnelle compte 7 planètes, les centres d'énergie (ou « chakras ») du yoga sont au nombre de 7, aux 7 branches de l'arbre cosmique et sacrificiel du chamanisme, aux 7 pétales de la rose...

- Et... j'ai eu 70 salariés...

Vous l'aurez compris, empli d'un symbolisme profond, la stylisation du 7 représente une faux, symbole de mort, c'est-à-dire enlever en nous les défauts. Je suis, j'existe, je vis.

Chercheur de vérité

« ***Il vous faut abandonner votre premier genre de vie et dépouiller le vieil homme, qui va se corrompant au fil des convoitises décevantes, pour vous renouveler par une transformation spirituelle de votre jugement et revêtir l'Homme Nouveau, qui a été créé selon Dieu.*** » ***Saint Paul***

Vous connaissez l'expression « tuer le vieil homme en nous » ? Ce qui signifie, se débarrasser de ses mauvaises habitudes. Pendant ces 7 ans, je cherchais des réponses aux Mystères de la vie. J'ai repris tous mes bouquins de développement personnel et tous les écrits sacrés pour savoir ce qui était dit, ce que l'on enseignait à l'humanité, ce qu'il y avait de caché. Concernant mon parcours, des choses se sont mises en place naturellement, des portes se sont ouvertes.

J’assimilerai ce parcours à un jeu vidéo, Arkanoïd, dans lequel, à chaque fois que vous cassez des briques, une porte s'ouvre. C'était exactement ainsi pendant plus de 20 ans. J'avançais, j'assimilais un enseignement spécifique. Ce qui m’a sauvé, c’est ma grande assiduité. Je suivais une initiation et si les résultats se faisaient attendre, je passais, imperturbable, à la suivante. Je vous rappelle que mon objectif était d’atteindre l’opulence. Donc si les revenus générés n’étaient pas suffisamment rapides, j’essayais une autre solution. J’ai fini par reconstituer complètement le puzzle en ne conservant que ce qui fonctionnait assurément. C’est ce qui m’a permis de créer mon propre cursus compilant des outils puissants, que je veux aujourd’hui transmettre.

Pourquoi devez-vous abandonner le développement personnel ?

Pour revenir à mes 7 années difficiles, concrètement, j’ai trouvé des emplois de direction en tant que salarié, mais très indépendant de nature, je leur ai, à chaque fois au bout de quelques mois claqué la porte au nez. Je suis passé par tout un tas de jobs, tel que commercial de croquettes pour chiens, par exemple. J'ai vendu un peu de tout et de n'importe quoi sur les marchés.

J’ai travaillé dans différents secteurs d'activité, différents horizons, rencontré divers types d’individus, hommes comme femmes. Je connais la France de long en large et en travers. Je me suis rendu compte, quand j'étais développeur du réseau de franchises nationales, à un moment donné de ma vie, que j’avais sillonné tous les départements, dans tous les sens. Les préfectures et sous-préfectures n'avaient plus de secret pour moi, je pouvais cibler exactement les meilleurs emplacements dans chaque ville. Si je vous dis tout ça, c'est qu'à chaque fois, en coaching, des gens commencent à me raconter ce qu'ils vivent. Aujourd'hui je sais exactement ce à quoi beaucoup de gens pensent, car je suis moi-même passé par là. Je sais exactement où ils en sont, comment ils raisonnent, comment ils réagissent. J'en ai moi aussi fait l'expérience. En effet, j'ai appréhendé l'environnement naturel de la plupart des Français. Je sais la manière dont le milieu influe sur vos réactions émotionnelles, affectives, comportementales, cognitives, vos prises de décisions, vos formatages et vos conditionnements. Ce qui me permet de mieux appréhender vos câblages neuronaux.

Je sais que mon parcours avec tous ses aléas s'avérait nécessaire pour que je puisse aider efficacement les gens. Je peux affirmer : « faites ce que je vous dis, parce que je l'ai réalisé ». C'est du vécu. J'ai un panel de connaissances très large et c'est amusant parce que chaque fois que je parle à quelqu'un, forcément je connais, j'y suis passé ou j'ai goûté. C'est assez ahurissant. Vous pouvez être certain que mon accompagnement ne se résume pas seulement à des principes édictés, mais bien à mon savoir issu de mes expériences de vie.

Comment le stress m'a gangréné !

J'ai vécu des années dans l'enfer, l'enfer intérieur. Lorsque j'ai mis les deux genoux à terre, j'ai vécu dans la haine. J'accusais tout et tout le monde. C'est ce que chacun ferait au départ. J'ai vécu, des années durant, dans le ressentiment. J'avais autour de moi des gens complètement superficiels, qui ont donc évidemment tous quitté le navire ! Ensuite, il y a eu les trahisons. J'avais une propriété paysagée, sur 5000 m² de terrain avec un étang, que j'ai mis dans une SCI. C'était une solution que je connaissais bien, puisque j'avais des sociétés dans l'immobilier. J'étais associé majoritaire de cette SCI, mais pas gérant. Lorsque j'ai mis les deux genoux à terre, le gérant a flairé la bonne affaire et a donc mis le bien en vente. Je n'ai rien pu faire pour l'arrêter. J'ai pu enlever des éléments intérieurs comme les radiateurs, le portail domestique. J'étais même prêt à mettre le feu pour que personne n'en profite ! J'ai quand même pu retirer tout ce qui pouvait donner une sensation de confort de manière qu'il ne puisse le vendre qu'une poignée de cerises. C'est exactement ce qui s'est produit. Par la suite, j'ai ressenti une grande animosité envers tout le monde. Je n'avais plus la capacité à réagir. J'étais comme dans le coma. Anesthésié. On me suggérait d'agir de telle manière, j'obtempérais.

J'étais comme une feuille au gré du vent. D'un lion, j'étais devenu un mouton. Mais un mouton avec la rage. Je me suis rendu compte après coup que toutes les personnes qui m'ont vu réussir étaient jalouses de mon succès, mais à un point inimaginable et ne voulaient qu'une chose : que je tombe. Ces personnes se gaussaient de ma chute. C'était la danse de la victoire autour de mon cadavre. J'en voulais à la terre entière et pire, à l'Univers.

L'enfer intérieur

J'étais persuadé que l'Univers était contre moi et que quoi que je fasse, de toute façon, c'était foutu d'avance. Un sentiment d'impuissance acquise. C'était terrible parce que j'avais l'impression que, de toute façon, je ne pourrai jamais m'en sortir. J'ai serré les dents pendant des années, j'ai courbé l'échine, et j'ai toujours cherché à relever la tête. Mais chaque fois que je remontais, une catastrophe arrivait et je retombais. En fait, il fallait que je change complètement d'état d'esprit, mais j'ai mis des mois pour le comprendre. Ma quête a commencé également à ce moment-là. J'ai donc repris le développement personnel et je tentais sincèrement de suivre les indications, mais je n'y arrivais plus. Pourquoi ? Parce que j'avais ce sentiment d'impuissance qui systématiquement me sabotait jusqu'à ce que je comprenne enfin qu'il fallait absolument me rapprocher de l'Univers. Ce n'est pas l'Univers qui viendrait à moi ; c'est moi qui devais aller vers lui. Cela s'est fait graduellement. Le sabotage était toujours présent, mais j'appliquais les règles, voulant réellement y arriver. Et à chaque fois des petites lumières sont arrivées et c'est ce qui m'a permis de remonter.

Il est arrivé, on peut le dire, que certaines personnes aient profité de mes talents et m'aient proposé des solutions, pour me rendre service, sachant pertinemment, connaissant mes compétences, que le retour leur serait profitable. Mais ces solutions m'obligeaient à me brader en permanence, brisant complètement ma confiance et l'estime que j'avais de moi. Je sais ce qu'est l'enfer intérieur pour l'avoir vécu. J'ai pensé au suicide. Comment mettre fin au programme de sabotage ? Mes lectures m'ont fait comprendre qu'il existe des initiés qui, en toutes circonstances, trouvent la paix intérieure

Le jour où je suis devenu moi-même

Je me sentais comme le gladiateur dans l'arène. Il vient de prendre des coups, mais le combat n'est pas fini. Il se relève. Couvert de sang, il retourne à l'assaut. C'est exactement comme cela que s'est déroulée ma vie pendant ces sept années d'enfer. Un souvenir cruel, parmi d'autres : Le rictus de mon ex-femme lorsqu'elle a vu partir ma voiture de course que je venais de brader. Ce jour-là, j'ai eu des envies de meurtre ! Je peux donc comprendre le processus émotionnel qui peut mener à cette folle idée de suicide, quand on a l'impression de ne plus pouvoir s'en sortir.
Le message que je vous adresse est simple : je suis passé par tous ces états de conscience émotionnelle et aujourd'hui je SAIS comment vous apporter mon aide pour que vous ne connaissiez plus jamais les difficultés. J'ai vécu ces différents états et je m'en suis sorti définitivement.

Talents

J'avais déjà un certain talent à cette époque. À quoi reconnaît-on le talent ? C'est le fait d'accomplir quelque chose qui vous passionne et que vous réussissez brillamment. Il peut être long à déceler, mais, en règle générale, il naît d'une passion. À partir du moment où vous commencez à la vivre et que vous réussissez grâce à elle, votre talent est mis en exergue. Quand on est reconnu excellent dans un domaine, lorsque profession et passion s'additionnent, c'est la voie du succès. Sans passion un métier donne des résultats banals, qui ne sont assurément pas remarqués. Sans passion impossible d'avoir du talent. Il faut aller à la racine.

Accompagner des gens désespérés

« Tout ce qui ne nous tue pas nous rend plus fort »
Nietzsche
M'étant trouvé, maintes fois, dans des situations désespérées, je peux accompagner celles et ceux qui vivent une situation identique. Car oui j'ai été désespéré et j'ai fait bien mieux que simplement rebondir. Quand j'ai monté ces 7 entreprises, mon projet était de parvenir à revendre toutes ces structures pour en sortir 2 millions à l'époque. Dirigeant de 7 entreprises, j'étais au top, j'étais grisé par le succès, d'autant plus qu'au niveau de la compétition automobile, ma passion, cela roulait ! J'avais ce que je voulais, une vie trépidante, une vie de succès.

N'ayez pas peur de l'échec

L'échec permet de faire mourir symboliquement un ancien "moi" pour faire naître un nouveau "moi".

Il serait pratique d'accuser son entourage, amplement plus simple de fulminer contre les autres que contre soi-même ou pire se contenter de s'emporter contre soi-même au lieu de faire face. Tournez-vous vers l'action, fixez-vous des objectifs, projetez-vous dans l'avenir, éliminez l'apitoiement et la culpabilité. La vie est la moisson de nos propres choix.

Le sentiment existentiel relève d'une perception rigide de l'individu à l'égard de sa personnalité en général, indépendamment de ce qu'il a fait ou n'a pas fait. Il se reproche de n'avoir pas été à la hauteur de ses principes ou de s'être montré inapte à assumer une responsabilité, une action, un objectif.

La culpabilité ne propose pas de solution

« ***Quand on retourne à la racine, on trouve le sens. Quand on s'égare dans les branches, on perd le goût véritable*** ». **Sosan Ganchi Zenji**

Notre responsabilité dans nos choix de vie, alliée à une exigence sans cesse croissante de réussite et de performance, plonge les plus courageux dans une terrible culpabilité. Le sentiment qui empêche de réfléchir de manière objective.

Ceux qui vivent le sentiment de culpabilité chevillé au corps s'emploient à réécrire leur histoire, différemment de la réalité. Ils cherchent à défaire ce qui a été fait. Pourtant, ce qui paraît juste à une période de l'existence peut s'avérer inadapté quelques années plus tard parce que la perspective a changé.

J'aurais aimé savoir à ce moment-là ce que je sais aujourd'hui. Séduisante utopie ! Il nous appartient de nous rappeler quels étaient nos modes de pensée et nos valeurs et qui commandaient nos décisions à l'époque.

« ***Tout homme naît deux fois dans la vie, et la seconde, c'est la bonne*** » proverbe mexicain
Les difficultés font partie de la vie ; elles ne sont pas optionnelles.
L'essentiel de nos peurs prend racine dans les créations de notre esprit. Le moyen de faire la part des choses, c'est ce que j'appelle se frotter à la réalité. Plutôt que de vous abstenir d'agir, de mettre en œuvre des projets ou tout simplement vos rêves, ayez le courage de passer à l'action. Dans la réalité, vous constaterez que vos peurs étaient injustifiées. Veillez tout de même à ne pas vous mettre en danger, car nos craintes ont une fonction : celle de nous protéger. Mais assez souvent on se protège trop, surtout dans notre pays. C'est culturel. Quantité de gens ont des envies, des projets passionnants qu'ils s'interdisent de mener à bien seulement parce qu'ils ont peur.

Et si nos échecs devenaient nos plus grandes réussites ?

*« **La chute n'est pas un échec. L'échec, c'est de rester là où on est tombé** »* **Socrate**
Ce que je dois retenir de cette période, c'est que j'ai mis un genou à terre puis le deuxième. Rares sont les grandes réussites qui n'ont pas été précédées d'échecs.

"*Quand je vous parle de moi, je vous parle de vous*", disait déjà Victor Hugo. Je vais vous révéler à la fin de ce livre des fondements axés sur trois piliers absolus qui fonctionnent sans conteste.

Pour aller plus loin :
academieaime.com

Chapitre III - Mangez en pleine conscience

L'estime de soi, ou l'amour de soi, représente l'idée de ce que l'on est et de ce que l'on voudrait être. L'estime de soi est toujours au cœur de nos existences, quelles que soient nos cultures, nos origines. L'affirmation de soi est une formidable compétence relationnelle qui permet de se faire entendre.

Or, j'affirme que tout est fait pour maintenir à leur plus bas niveau les vibrations qui permettraient justement cette affirmation de soi.

Il faut savoir que les niveaux vibratoires des êtres humains varient au cours de leur développement, de la naissance à la mort. Il est tout à fait possible de les élever, de même que le niveau de conscience, à condition de réussir les phases de renouvellement qui ponctuent votre vie. En moyenne tous les sept ans. Rappelez-vous la symbolique de ce chiffre évoquée dans le chapitre « Le Chiffre 7 ».

Il faut bien comprendre que les pensées qui vibrent à un niveau supérieur sont susceptibles d'être des pensées fortes, positives et saines, alors que celles qui vibrent à un niveau bas sont plutôt négatives, nocives et sans pouvoir. Donc, plus vous opérez à partir d'une fréquence élevée, plus vous êtes plus susceptible d'accéder à la vie que vous désirez. Et d'être plus heureux.

Toutes les pensées sont énergie. Et les bonnes vibrent différemment des mauvaises. Cela semble logique. Ne vous arrive-t-il pas d'être de bonne ou de mauvaise humeur selon les jours ?

Pour élever vos vibrations, développer votre potentiel relationnel, vous devez être bien dans votre corps. Et c'est essentiel pour être en harmonie avec les autres.

Nous possédons tous un pouvoir fabuleux

Dès notre naissance, nous sommes pénétrés de la plus puissante force qui soit dans l'Univers : le pouvoir de convertir les représentations de notre esprit en des réalités bien tangibles.

Tout commence par l'alimentation

Certes, nous vivons au sein d'un Univers multidimensionnel avec lequel nous interagissons en permanence. Mais avant tout, il faut prendre conscience que le corps humain est le temple de l'âme.

Et comme pour n'importe quel édifice, deux choix s'offrent à vous. Vous pouvez laisser votre corps dépérir complètement, tomber en ruine faute d'entretien. Mais dans quel intérêt ? Ou bien vous en prenez réellement soin et en tirez bénéfice sur tous les plans. Il n'y a pas d'autre alternative.
Pour cela, la question essentielle est : « Comment est-ce que je me nourris ? »

Ayez conscience de ce que vous mangez

Nous naissons tous avec cette capacité innée à évaluer notre faim. Au fil des années, ces signaux naturels envoyés par notre corps s'estompent. La société dans laquelle nous évoluons nous apprend à manger, même lorsque nous n'avons pas faim. Pire, la nourriture qu'elle nous propose est la plupart du temps malsaine. Et vous le savez. Elle alourdit le corps, bouche les artères, calcifie la glande pinéale et le thymus... Et au-delà des risques physiques qu'une mauvaise alimentation engendre, cela vous empêche surtout d'élever vos vibrations. Vous aurez sans doute l'illusion d'y parvenir - des gourous vous diront comment procéder - mais vous n'aurez aucun résultat sur le long terme. Mécaniquement, vous serez empêché.

Je m'explique. Vous attirez inévitablement ce qui est en parfaite correspondance avec votre état présent. Ainsi, si vous envoyez des signaux d'abondance, de réussite et de bonne santé, vous serez un être physique qui reflète l'abondance, la réussite et la bonne santé. Vous serez, si je puis dire, conditionné instinctivement. Par contre, si vous envoyez des signaux de confusion, de colère, de lamentation et de frustration, vous serez cette personne qui reflète la confusion, la colère, ne vit que de lamentations, ne connaît que la frustration. Vous avez très certainement déjà rencontré ce type d'individu !

Pour envoyer en continu des signaux qui vont attirer des relations positives et enrichissantes dans votre vie personnelle et professionnelle – et sur du très long terme - des réglages mécaniques sont à faire. Comme pour une voiture de course ; pour gagner, il faut qu'elle soit au top. En tant qu'ancien pilote automobile, je suis bien placé pour vous le dire !

Élever votre taux vibratoire est le moyen le plus puissant pour attirer ce que vous voulez ! Vous le découvrirez au fil des pages.

Mais pour bénéficier des vibrations de la source de l'Univers, les flux de votre corps doivent être complètement limpides, entièrement nettoyés. Ce qui est impossible si votre corps est engorgé. Vous le sentez bien.

Privilégiez une alimentation saine, écologique, naturelle

Favorisez une alimentation vivante, 100 % naturelle : fruits, crudités, et de préférence biologiques. Le plus facile, c'est l'utilisation de produits frais, de saison, locaux. Évitez la viande.

Le rôle fondamental du pH de l'organisme, c'est-à-dire son degré d'acidité ou d'alcalinité, a été mis en évidence ces dernières années comme un facteur déterminant pour la santé.

L'alimentation moderne avec tout son lot de sucres, de graisses saturées et de produits chimiques a pour effet d'acidifier le corps. De ce fait, le pH moyen de la population est descendu à 5.

Or, vos cellules sont constituées à 70 % d'eau et vos neurones à 90 %.

Ainsi, lorsque votre corps est acide, cette eau ressemble à un marécage, ou pire, à une fosse à purin.

L'acidité de votre corps va attirer un certain nombre de bactéries, de parasites qui, comme des insectes nécrophages, s'en nourrissent. Or, comme tout organisme vivant sur cette terre, ils n'ont qu'un but, croître et se multiplier.

Le pH normal du corps est de 7,2. Si vous êtes à 7, vous êtes équilibré. Si vous dépassez 7, c'est idéal ;

vous êtes déjà alcalin. Je serai direct, sans langue de bois : *les saloperies* dont je vous parle ne peuvent pas se développer dans un environnement alcalin. La solution est donc de changer complètement votre alimentation et vos habitudes de manière à passer d'un environnement acide à un environnement alcalin qui aura pour effet de les éliminer. Mais, attention, ce sont des bactéries intelligentes !

Savez-vous que nous avons 3 cerveaux dans notre corps ?

Ils sont situés dans le cortex, le limbique et le reptilien. En clair, l'un dans la boîte crânienne, le second dans le cœur, le troisième dans les intestins.

« Faire confiance à ses tripes », « digérer une émotion qui nous est restée en travers de l'estomac », « écouter son instinct viscéral », autant d'expressions populaires qui ne sont pas toujours que des métaphores…

Enquête au cœur de notre ventre

Le cœur et les intestins possèdent des neurones identiques à ceux du cerveau. Les impuretés qui sont dans l'intestin sont assez intelligentes pour aller titiller les neurones de ce dernier et leur dire : « il me faut ma dose de sucre ou de gras pour que je puisse continuer à me multiplier. » Lorsque vous passez devant une boulangerie et ne pouvez résister à l'envie d'un gâteau au chocolat, qui a pris le pouvoir ? Ce sont les *saletés* qui sont en vous et assez intelligentes pour téléguider vos neurones, tant des intestins que du cerveau. Vous n'avez donc plus de pouvoir sur votre corps.

Le système digestif a la capacité à dissoudre les tensions émotionnelles. Il décharge à travers la paroi intestinale les résidus du bol alimentaire composés de nutriments et la pression liés au stress. Vos intestins ne réagissent-ils pas, parfois fortement, quand vous vivez des situations de grand stress ? Qu'en résulte-t-il ? Crampes, ballonnements, diarrhées, constipation, qui vous tordent le ventre.

Si l'on vous demande le rôle des intestins, votre première réponse est : absorber les aliments. Vous devriez ajouter qu'il s'agit d'un organe d'élimination essentiel.

Faut-il acidifier ou alcaliniser ?

Le pH de l'organisme joue un rôle fondamental pour être en bonne santé. L'importance du degré d'acidité ou d'alcalinité a été mise en exergue, notamment cette dernière décennie. L'acidification est à l'origine de beaucoup de maux. Donc, pour les supprimer, il faut transformer l'environnement et le rendre alcalin.

Des moyens pour rétablir un pH normal existent. Comprenez que sans cela, vous n'avez plus le pouvoir sur votre vie.

Comment y parvenir ? Premièrement, il faut boire pendant trois mois, au moins un litre et demi d'eau par jour, à pH très éleve, au-delà de 7,5. Il existe des eaux minérales en grandes surfaces qui ont un pH de 8. Il en existe une ici qui vient de Nouvelle-Zélande. Une eau qui n'a jamais vu la main de l'homme, ni le soleil, avant d'être mise en bouteille et son pH est naturellement à 8. Toutefois, celle que je préfère et que je bois est à 8,5.

Il y a une indication simple pour connaître son taux PH. C'est la couleur des urines. Plus elles tirent sur l'incolore et plus le pH est élevé. Vous serez en alcalinité. Plus la couleur est foncée, plus vous êtes acide. Vous avez des urines claires, mais votre corps n’est pas dans les « normes » ? Cela signifie que vous vous alcalinisez, mais ce n’est pas suffisant.

Bye bye les produits raffinés ! Mais comment les reconnaître ?

Cessez impérativement de consommer tous les produits raffinés, c'est-à-dire tous les produits blancs. Dans la nature, hormis la noix de coco et la neige, aucun produit n’est blanc à l’état naturel. Ni le sucre, ni la farine, ni le lait.

Le sucre n’apporte aucun nutriment à l’organisme, il fait juste grossir et est très addictif.

Très souvent, nous n’avons à faire qu’à des produits raffinés, pâtes blanches, riz blanc, etc. Ce n’est pas naturel, car pour les blanchir, les transformateurs utilisent des bains d’arsenic. Un poison violent qui passe dans la nourriture.

Quels aliments choisir ?

Les grands lobbys vous empoisonnent au quotidien. Il faut remplacer tous ces produits par du quinoa, par exemple. Il faut arrêter les pommes de terre qui n’ont aucune valeur nutritive. Vous pouvez les remplacer par des patates douces ; le riz blanc par du riz brun ou noir, complet ; les pâtes blanches par des pâtes de quinoa ou de boulgour. Ce sont des produits faciles à trouver dans les rayons des supermarchés bios.

Vous devez immédiatement cesser de consommer le pain blanc et préférer le seigle complet, qui n’a pas de gluten. Ce gluten que vous retrouvez même dans le blé complet. Or c’est comme de la colle blanche qui se met dans les plis du côlon et l’engorge.

Il y a toute une éducation à refaire. Mais le monde de l'agroalimentaire ne veut surtout rien changer, parce que cela représente une manne financière énorme. 12 % de la population mondiale est en état d'obésité. Un individu sur sept. Et cette statistique augmente. Les produits laitiers de vache sont à proscrire. Oui, je suis direct, car votre santé est malmenée ! De même pour la viande, notamment quand les animaux grandissent dans des élevages surpeuplés. En effet, pour éviter les maladies, on va leur injecter des antibiotiques et leur donner des accélérateurs de croissance pour les faire grossir plus vite. Tout cela va se retrouver dans votre assiette. Manger de la viande rouge est une hérésie.
Il y a des changements drastiques à mettre en place pour transformer les habitudes alimentaires.

Faut-il manger de la viande ou être végétarien ?
Ni l'un ni l'autre. Vous devez juste savoir prendre la meilleure décision pour votre santé. Une chose est certaine, vous devez, en règle générale, arrêter de consommer de la nourriture issue d'élevages intensifs. Vous êtes carnivore ? Vous pouvez encore consommer de la viande blanche, de la volaille bio, des poissons de ligne, des fruits de mer, des œufs bios. Certes, les possibilités se réduisent drastiquement, mais votre santé le vaut bien ! Vous pouvez manger des légumes et des fruits bios à volonté. Et surtout, il ne faut pas oublier les huiles qui apportent les oméga-3. Huile d'olive première pression à froid, huile de lin, huile de krill (de crevette), qui renforcent les connexions neuronales. Commencez par suivre ces quelques règles simples et les choses vont changer radicalement dans votre vie. Vous passerez d'un environnement acide à un environnement alcalin.

La glande pinéale, une antenne spirituelle

Les grands philosophes, Pythagore, Platon, Descartes, pensaient que la glande pinéale était le siège de l'âme. Il faut savoir qu'à chaque glande endocrine correspond un chakra, centre d'énergie du corps. La principale glande endocrine, récepteur des vibrations de l'Univers, celle sur laquelle les lobbys ont le plus travaillé pour qu'elle soit calcifiée, c'est la glande pinéale. Elle se situe à peu près au milieu de la boîte crânienne au niveau du troisième œil. Elle est tellement calcifiée qu'elle est noyée dans du calcaire à cause du fluor et des métaux lourds. Ainsi, l'être humain n'est plus sensible aux intuitions qui proviendraient du fin fond de l'Univers. Il aura l'illusion de les percevoir, mais c'est un leurre. Pire, une glande pinéale calcifiée conduit à la boulimie ou l'anorexie, mais également à la dépression, à l'anxiété, voire à certaines formes de maladie mentale.

Le système lymphatique : un allié méconnu

La deuxième glande endocrine principale est le thymus. Organe du système immunitaire, Anahat, chakra du cœur, trouve son point de jonction sous le sternum. Voici un exercice simple à faire pour savoir s'il est engorgé. Prenez la jonction des côtes, en haut, et appuyez dessus. C'est dur et douloureux ? Alors c'est complètement calcifié. Quand ce point est libéré, il s'enfonce comme du caoutchouc et cela ne fait pas mal.

Quand il est engorgé et calcifié, vous n'avez plus la capacité à envoyer des commandes précises à l'Univers.

Lorsque vous transmettez une demande précise à l'Univers, un désir puissant, imaginez un phénomène gazeux qui part du chakra cœur et agit en fonction de l'attention, de l'intention et de la constance. C'est un peu comme un enfant qui joue avec de la pâte à modeler. Il veut, par exemple, sculpter un chien. Il met son attention dessus, après avoir observé comment est fait un chien, et il va commencer à modeler pour que son travail ressemble à un chien et cela va commencer à ressembler à un chien. C'est le même processus. Mais encore faut-il que le thymus soit entièrement décalcifié pour que le travail s'accomplisse de manière optimale.

C'est identique pour toutes les glandes endocrines. La thyroïde, au niveau de la gorge, est le chakra (Vishuddi) de la communication. Lorsqu'elle est calcifiée, pensez-vous pouvoir communiquer de manière efficace ?

Comment ralentir le vieillissement ?

Je continue avec les surrénales qui produisent des antioxydants. Si elles sont calcifiées, vous allez vieillir beaucoup plus vite.

Il y a d'autres glandes principales, qui ne sont pas endocrines, mais qui ont une importance capitale, comme le foie. Lorsque vous êtes en état acide, l'eau dans vos cellules est marécageuse. Les interconnexions neuronales ne peuvent plus se faire de manière optimale. Ce qui engendrera des « prises de tête » qui vont directement attaquer le foie. En effet, ce dernier doit métaboliser les graisses pour nourrir la « matière grise » du cerveau. Il s'agit de la partie des tissus du système nerveux central composée essentiellement des corps cellulaires et de l'arbre dendritique des neurones, ainsi que de certaines cellules gliales. Le foie va aussi traiter le glucose pour pouvoir l'envoyer au cerveau.

Donc, lorsque vous vous compliquez la vie, votre foie est directement impacté. Il lui faut travailler plus pour

aller chercher du glucose et des graisses. Dans le même temps, il lui est difficile de les métaboliser puisqu'il est engorgé.
C'est la même chose pour le pancréas, glande endocrine engorgée par les charges de sucres industriels que l'on trouve dans notre alimentation.

Comment désengorger votre métabolisme ?
Pour un désengorgement efficace, je vous conseille de prendre un jus de citron pressé bio le matin, à jeun, mélangé à deux cuillérées à soupe d'huile de coco. Celle-ci agit directement sur le sucre. Elle va donc soulager le pancréas. Cette huile a la particularité de figer au-dessous de 25 °C, mais elle se liquéfie rapidement sous l'eau chaude. C'est la seule huile végétale qui, même portée à haute température, ne perd pas ses qualités. On peut la faire chauffer, la faire bouillir.
Un jus de citron le matin avec l'huile de coco va désengorger l'estomac et le pancréas.
Ceci dit, je ne suis pas entré en religion quand je me suis tourné vers ce type d'alimentation. Au début, une fois par an, je me faisais une côte de bœuf d'Argentine, élevé dans la pampa. Moins, maintenant, parce que je n'en trouve plus d'excellentes. Mais mon alimentation est régulière.
J'ai trouvé un café au Ganoderma, ou Reishi, champignon japonais dans lequel a été replacée la molécule de café vert, qui est alcalin. J'en bois tous les matins. Par contre, j'ai remplacé le sucre par le miel bio ou mieux par le sucre de coco.
Ensuite, tous les produits laitiers, pour moi, c'est terminé, hormis de temps en temps un fromage de chèvre frais et bio.
J'ai la chance de vivre dans une île paradisiaque offrant toutes sortes de fruits tropicaux. Et j'en mange

beaucoup. Je n'ai qu'à les cueillir sur l'arbre. Mes bananes, mangues, papayes, fruits de la passion... sont naturels, plus bio que bio.
Dans tous les cas, où que vous habitiez, vous devez consommer des produits bios. Pourquoi ? Parce qu'ils ne contiennent pas de pesticides ou d'engrais. Bien qu'en fait, pour être franc, le bio n'existe plus. Sur la planète, il n'y a pas un seul endroit qui ne soit pas touché par la pollution, à cause des pluies acides, mais ces produits bio restent les moins touchés. à mon avis, même si c'est plus facile, parce que j'habite dans un endroit plus préservé.

Écoutez votre corps. Que se passera-t-il quand celui-ci sera désengorgé ?
Lorsque vos glandes endocrines seront décalcifiées, vous allez retrouver les flux optimums de votre corps. En suivant l'alcalinisation, l'eau contenue dans vos cellules et vos neurones deviendra de plus en plus claire et les flux corporels seront beaucoup plus fluides.

Si, de plus, vous oxygénez vos cellules par une respiration adéquate, vous obtiendrez un effet considérable et en même temps un meilleur repos. En effet, votre corps et vos organes ne peuvent se régénérer que lorsque vous êtes en état de sommeil.

Éveil, énergie, le rôle du sommeil
Si votre sommeil est complètement perturbé par la pollution lumineuse ou auditive, il ne sera pas réparateur. Il faut donc aller chercher la qualité et non la quantité. Si vous avez besoin de beaucoup dormir, c'est parce que votre corps est en état d'acidité. Pour que vos organes puissent se réparer, vos cellules doivent travailler beaucoup plus. C'est la raison pour laquelle vous dormez plus de sept heures par jour.

Lorsque vous dormez dix à douze heures, n'avez-vous pas la sensation de vous réveiller encore plus fatigué que lorsque vous êtes allé vous coucher ?
Votre sommeil doit donc être de qualité. Pour cela, commencez par supprimer toutes les pollutions auditives. En cas de besoin, il y a les fameuses boules Quiès. C'est bio, c'est naturel, c'est de la cire d'abeille. Ensuite, vous pouvez utiliser des masques pour arrêter la pollution lumineuse. Vous retrouverez alors une excellente qualité de sommeil. En suivant tout le processus que j'indique dans mes formations, vous allez naturellement vous réveiller au bout de six heures, par exemple.
Personnellement, j'ai eu des périodes où je n'avais besoin que de 4 heures et demie. Pas besoin de réveil, je me réveillais naturellement sans être fatigué. Mes cellules avaient eu le temps nécessaire pour faire leur travail. Parce que tous les flux étaient normaux et optimisés.

D'autres conseils pour se purifier, se détoxiquer, se décalcifier

J'ai la chance ici d'avoir du jus de noni qui est un formidable antioxydant. Et celui-là est complètement bio. C'est un fruit qui pousse en Polynésie et qui a des propriétés exceptionnelles. C'est l'antioxydant le plus puissant au monde. Par contre, il faut s'accrocher pour le boire ! Au départ, on a l'impression d'ingurgiter du Roquefort. Mais, au bout d'un moment, on s'y habitue. Vous lui trouvez même un goût intéressant.
Vous pouvez trouver tous les fruits dont je vous parle, tels que les bananes ou les noix de coco, même si vous habitez un petit village. La noix de coco est géniale, parce qu'elle n'a besoin de rien pour pousser. Ni pesticide ni engrais. Elle peut voyager partout. Tant

qu'elle n'est pas ouverte, rien ne peut l'altérer. Donc, privilégiez la noix de coco entière.
Ensuite, vous avez l'aloe vera qui procure à vos cellules 110 nutriments sur les 114 dont celles-ci ont besoin au quotidien. Ensuite, ce n'est que du pur bon sens. Un demi-verre d'alœ vera tous les matins, c'est parfait.
Ne cherchez pas absolument les fruits exotiques. Prenez des bananes et tous les fruits bios que vous trouvez dans votre région.
Pour édulcorer, je conseille le sucre de coco ou le miel. Il faut éviter le sucre roux qui impacte le pancréas et, je le répète, vous devez supprimer le sucre blanc.
Les cellules trouvent normalement tous les nutriments nécessaires dans la nourriture, mais pas dans l'alimentation moderne. Elles vont donc aller les chercher par tous les moyens. En commençant par la peau. D'où des vieillissements prématurés. Puis dans les cheveux, les ongles, les dents. Si cela ne suffit pas, elles vont les chercher dans les organes et vont les attaquer. D'où une dégénérescence, des dysfonctionnements physiques et des problèmes de santé bien connus dans notre monde moderne. Mais c'est induit et voulu. Pour avoir fait mes enquêtes, je sais exactement comment cela fonctionne et pourquoi. Le but est de garder l'humanité dans les vibrations les plus basses, pour avoir la mainmise dessus. À l'époque des serfs, l'homme était taillable et corvéable à merci. À notre époque, c'est manipulable et conditionnable à merci. Par cette alimentation moderne et industrielle, on nous fait tout avaler, dans tous les sens du terme.

Un rituel du matin efficace pour détoxifier l'organisme

Tous les matins, j'ai un rituel qui dure trois heures ! Mais je sais pourquoi je le fais.

Cela commence par le jus de citron avec les deux cuillères à soupe d'huile de coco. Ensuite, l'alœ vera, le jus de noni, avec de la spiruline, de la chlorella et de la zéolite. Poudre de météorite, chélateur efficace ayant pour effet de dégager tous les métaux lourds. Entre autres de la glande pinéale et des glandes endocrines. Ensuite, je vais méditer. C'est une pratique qui se déroule de manière optimale, dès lors que votre corps est désengorgé. La méditation terminée, je me mets en mouvement, de façon spécifique. Le sport, tous les matins, fait partie de mon ordinaire - Et l'après-midi, je vais nager dans mon lagon, je fais du kayak... – Certes, je vous propose des solutions, mais il faut savoir que je les applique tous les jours : « fais ce que je dis, parce que je le fais. » Tout ce que j'enseigne, je le pratique. Je sais de quoi je parle. Une personne qui me dit : « j'ai tenté de faire cela, je n'y arrive pas... », ne l'a pas vraiment . Étant passé à peu près par tous les états, je connais le processus. C'est un avantage considérable. Après le sport, donc, vient le petit déjeuner, constitué de légumes et de fruits. Et le café alcalin dans lequel je mets du miel ou du sucre de coco. Je consacre trois heures à mon rituel. Après je suis opérationnel pour la journée.

Tous mes repas sont composés de légumes : tomates, poivrons, brocolis et tout ce que je peux trouver ici. J'ai les fruits de l'arbre à pain, ce qui est exceptionnel. J'ai aussi des patates douces qui sont bourrées de protéines. J'ai la chance d'avoir de vraies racines de gingembre que je consomme râpé. J'ajoute à mes plats des graines de courge ou des cacaos ribs - vraies graines de cacao - hyper puissantes en protéines, et j'arrose mes préparations d'huile d'olive, de lin ou d'avocat, mais surtout d'huile de krill. Et bien sûr, je mange des fruits, beaucoup de fruits. Je n'oublie pas non plus la noix de coco dont je bois l'eau ou dont je grignote des morceaux. Ce sont mes en-cas, tout au long de la journée.

Retrouvez vos intuitions naturelles

Si vous suivez ces conseils, qui sont de pur bon sens, vous allez retrouver une énergie considérable. Toutes vos glandes endocrines vont commencer à se décalcifier, et cela se manifestera par des intuitions, car vos vibrations seront naturellement élevées.

Tout débute par ce fameux canal physique dont je viens de vous parler. Tant qu'il est engorgé, les autres voies le sont aussi. Or, vous devez travailler à la fois sur la physiologie, le mental et l'émotionnel. Que se passe-t-il lorsque le corps physique est encrassé ? C'est simple, vos neurones ne suivent plus. Au moindre événement négatif, tout va déraper sur le plan émotionnel. Pourquoi ? Parce que vous n'avez pas commencé à faire les réglages mécaniques nécessaires.

Harmonisez le physique, le mental, l'émotionnel

Après le changement physique dont nous venons de parler, vous pourrez équilibrer le mental, puis l'émotionnel. Ainsi, et par répercussion, nous agirons sur trois canaux : le physique, le relationnel et le financier. Et il ne s'agit pas de mettre des rustines sur l'un ou l'autre. Ils doivent être considérés comme un tout.

Malheureusement, pour l'heure, les gens sont comme des mouches prisonnières dans un bocal, parce que personne n'a reconstitué le puzzle comme je peux le faire.

Tout est question de bon sens et relève d'une volonté de sortir du système. Pour cela, arrêtez de boire des sodas ou de consommer des nourritures industrielles qui vous maintiennent dans les états les plus bas possible. Arrêtez les produits laitiers de vache et la viande rouge. Arrêtez le sucre industriel blanc ou roux.

Refusez les aliments toxiques et vous aurez des résultats incroyables !

Lorsque mes élèves appliquent ce que je leur enseigne, leur vie se métamorphose totalement. Il y a une logique implacable.

Comment développer son mental ?

Dans mon protocole, vous l'avez compris, je vous invite d'abord à vous tourner vers votre corps. Ensuite, dès que le canal physique est réglé, que vous en avez éradiqué les dysfonctionnements, vous pouvez aborder la seconde phase : Le mental. Et vous serez dans de meilleures conditions pour le faire.

Personnellement, j'ai eu la chance, d'arrêter instinctivement toutes ces saletés, de comprendre, alors que j'étais encore môme, qu'elles m'avaient rendu obèse. Bien entendu, j'ai dû me bagarrer avec mes parents et cela n'a pas été facile. Mais bien m'en a pris. Et je ne le regrette pas.

Par la suite, j'ai sculpté mon corps, parce que je considère que c'est le temple de l'âme. Et que peut-on faire d'un temple ? Tous les choix sont possibles. On peut le laisser tomber en ruine ou en faire une chose magnifique, une œuvre d'art que l'on entretient en permanence.

Faites du sport, mais pas n'importe comment !

Il est possible d'agir sur son capital santé et de le faire progresser, notamment contre le vieillissement. Parmi les leviers d'action possible, le sport est essentiel.

Il y a deux manières de faire du sport : l'anaérobie ou l'aérobie. La première va solliciter le foie, demander du sucre et du glucose, alors que la deuxième va agir sur les graisses.

L'aérobie

Au cours de l'effort, l'énergie nécessaire aux muscles est principalement fournie par l'oxydation des sucres et des lipides disponibles. Mais pour être efficace, votre rythme cardiaque ne doit pas être trop élevé. Pour calculer ce dernier durant vos exercices, prenez le chiffre 180 auquel vous enlevez votre âge, puis retenez 80 % du résultat. À supposer que vous ayez 50 ans : 180 – 50 = 130. 80 % de 130 = 104. En aucun cas, en travaillant en aérobie, vous ne devez dépasser ce rythme cardiaque de 104 pulsations/minute.

Ce sont des exercices qui vont vous permettre d'attaquer les graisses dans la durée, donc plutôt des sports d'endurance. Vous devez être capable de parler sans être essoufflé quand vous faites ce type de sport aérobie.

L'anaérobie

Ce mode est de courte durée, car vous ne pourrez pas le maintenir très longtemps. L'énergie nécessaire est puisée directement dans le muscle sollicité. L'anaérobie, comme l'Interval Circuit, est une hérésie dans les clubs de sport. Vous êtes trop à fond dans le cardio. Vous avez l'impression que votre cœur va exploser. Le moniteur sportif vous l'impose pendant plus d'une heure, mais au lieu de cibler les graisses, l'organisme se trouve affaibli, parce qu'il a besoin de glucose qu'il ira chercher directement dans le foie. Ce sont des inepties monumentales qu'il faut éviter. Je ne parle pas là des sportifs qui font de la compétition de haut niveau. C'est un autre problème.

Si vous voulez faire du sport avec un impact positif dans vos vies, travaillez de manière aérobie : De la marche, du jogging... tranquillement. Évitez tous les sports violents ou qui nécessitent de gros impacts sur le cœur. Bien entendu, vous pouvez en faire de temps en temps, c'est malgré tout important. Mais jamais plus de dix minutes. Au-delà de ce laps de temps, le corps a besoin de glucose. Donc, vous pouvez marcher, nager... C'est très simple, c'est du pur bon sens.

Là où je vis, dans mon île paradisiaque, les habitants sont les champions du monde de l'obésité. Certains pèsent 200, 250 kg et, pourtant, ils font du sport - tennis, badminton... - à fond. C'est quelque chose qui m'échappe. C'est de la folie, d'autant qu'ils ne maigrissent pas d'un gramme. Au contraire ! Car, pour tout dire, ces personnes, une fois les raquettes rangées, vont, pour compenser, manger des produits sucrés qui se portent sur leur foie.

Mais ne l'oublions pas ! La terre entière est manipulée. Un milliard de personnes sur sept sont en état d'obésité.

Donc, comme je vous le disais plus haut, si vous ne dépassez pas les 104 pulsations minute, vous vous ménagez et pouvez courir pendant des heures. Ainsi, vous ciblez les graisses et vous pouvez éliminer. En revanche, si vous courrez longtemps à 130 pulsations-minutes, non seulement vous n'éliminerez rien, mais c'est votre foie qui va en payer les conséquences et par là même votre cerveau. Donc, vous serez moins efficace et penserez à tort avoir des idées justes.

Comment notre assiette nous maintient dans la peur !

Certains lobbies nous entretiennent dans nos peurs et nous maintiennent dans un niveau bas de vibration. Ce sont des outils insidieux dont se servent les politiques pour imposer leurs choix, mais aussi et surtout ceux qui sont derrière, dont on ne parle jamais.
Autrefois, les gens ne savaient ni lire ni écrire, ils étaient maintenus dans l'ignorance. Il était facile de les garder dans une forme de soumission en leur faisant croire que seuls les riches savaient ce qui était bien pour eux.
Aujourd'hui, les gens lisent et écrivent. On peut légitimement penser qu'ils ne se laissent plus manipuler et qu'ils peuvent prendre un certain pouvoir. Mais cela n'est pas le cas. Ils sont maintenus dans leur état de « serfs » par la malbouffe.
Pourtant, il est possible, en faisant le nécessaire au niveau mécanique, de s'élever naturellement, de ne plus laisser d'emprise à la peur, mère de notre servitude.

Certains coaches proposent des rustines, mais ne traitent pas la cause. Contrairement à eux, je peux vous expliquer comment agir pour dépasser le plafond de verre.

Un esprit au top, dans un corps au top

Mes relations et amis suivent le même protocole que le mien. Je n'envisagerai pas de côtoyer des personnes qui ne seraient pas capables d'appliquer ce que j'enseigne.
Je vous invite à votre tour à tester mon adage, un « esprit au top, dans un corps au top ». Mais attention, plus que de passer à l'action, l'important est de la maintenir.

Je reconnais que pour beaucoup, l'entrain que l'on peut éprouver au début : « C'est facile, je vais le faire », peut vite s'émousser. En effet, se maintenir en forme implique certaines contraintes. Alors, on finit par se laisser rattraper en prétextant un manque de temps et on trouve mille et une bonnes raisons de ne pas faire le nécessaire pour être et se maintenir en forme.

Je fais tout ce qu'il faut pour

Je vous invite à une expérience. Remplacez « j'essaie » par « je fais tout ce qu'il faut pour », et vous vous apercevrez que cela n'a plus du tout la même connotation. Idem pour « j'espère ». Le ressenti est différent.

Les mots agissent sur les interconnexions neuronales. Affirmer une chose permet sa réalisation. S'il n'y a pas de place pour le doute, il n'y a pas de place pour l'échec. Par contre « essayer » ou « espérer » ouvre la porte à l'incertitude et mène plus sûrement au fiasco.
Pour que « faire » soit plus facile, ayez une motivation forte. Déclarez en avoir marre d'être dans la situation qui est la vôtre et dites fermement « je la change ». Et maintenez cette affirmation contre vents et marées, sinon rien ne peut se produire.

C'est par ce biais que les gens viennent vers moi ; ce n'est pas moi qui vais les chercher. Certes, j'envoie des courriels pour expliquer, comment je fonctionne, mais les personnes qui répondent ont fait le choix de transformer leur vie. Elles sont bien décidées à prendre leur destin en main.

Cependant, une personne qui viendrait chez moi espérant trouver une baguette magique, ferait fausse route. Je ne suis pas là pour « faire » à sa place. D'autant que je ne cherche pas à convertir la planète entière. Pour que ma méthode fonctionne, il faut une impulsion de départ. La volonté vraie de changer le cours des choses.
En communiquant par Internet, je donne l'information, mais c'est à chacun de prendre sa décision.
Donc, c'est à vous de voir ! Si vous en avez marre d'en avoir marre, je vous garantis qu'en suivant mes programmes, vous vous métamorphoserez totalement.

Pour aller plus loin :
academieaime.com

Chapitre IV - Amour – La vérité : Les portes s'ouvriront et de nouvelles opportunités apparaîtront.

Tous les amours ne sont pas possibles, certains choix sont condamnés.

Qu'y a-t-il derrière un amour impossible ? Un besoin compulsif de l'autre ? De la souffrance, de la compassion, de la dépendance émotionnelle ? Quoi qu'il en soit, si une telle relation survient dans votre vie, c'est que vous l'avez laissée entrer.

Un amour impossible est vraiment éreintant, perturbant et destructeur. Et vous le savez bien, vous qui l'avez vécu par le passé ou qui le vivez au moment où vous lisez ces lignes. Je ne suis pas là pour pratiquer la langue de bois. Je ne veux pas vous faire croire aux amours éternelles, comme dans les contes de fées ou les romans à l'eau de rose.

À l'âge où les jeunes rêvent de… me voilà marié, à tout juste 19 ans. L'âge, apparemment, où se cristallisent toutes les découvertes, où choisir et vivre en toute liberté avec ses amis est important. C'est également, pour moi, cette prise de conscience brutale que notre vie… nous appartient. L'émancipation, l'autonomie, les choix professionnels, le sexe, l'amour, le mariage, le désir d'enfant, les amis, les relations, les nouvelles responsabilités, tout cela repose sur un développement intérieur. Je me croyais déjà prêt, bien que très jeune.

Libérez-vous du sabotage !

Dans la majorité des cas, lorsque votre relation bat de l'aile, vous avez le recul suffisant pour comprendre que votre couple est sans issue, mais vous refusez de l'admettre.

Je vais reprendre mon propre cas. J'avais donc décidé, à 19 ans, de me marier avec « la première femme » qui accepterait de devenir mon épouse. J'entends par là que je ne recherchais pas le bonheur à l'état pur, l'accord parfait et encore moins le coup de foudre, mais juste un sentiment amoureux. à mon avis, l'amour était un pari sur une inconnue!

Après l'obtention de mon BTS, mon premier emploi en poche, je convolais en justes noces, comme on dit. Très vite, nous avons eu un premier enfant ; puis deux autres, des années plus tard, lorsque j'étais en pleine ascension sociale. Le temps s'écoulait. Mais contrairement à ce que j'avais souhaité, je n'étais pas heureux et elle non plus. Par facilité, nous avons vécu ainsi. La tension devenait très forte et le rapport avec l'autre superficiel, stéréotypé, jusqu'à la cassure.

Et puis un jour, la responsabilité que je fuyais, la décision devant laquelle je reculais, que je ne voulais pas prendre, m'est revenue en pleine tête.

Durant 7 ans, j'ai vécu un tiraillement permanent.
Dans mon travail, je luttais pour remonter la pente, mais quand je rentrais à la maison, c'était un véritable enfer.

Ma femme me mettait une pression financière constante pour retrouver le standing qu'elle avait auparavant, avant ma chute, me faisant vivre au quotidien un véritable cauchemar.
Encore une fois, malgré les efforts que je faisais pour retrouver un niveau d'existence décent, un équilibre psychologique, je subissais de plein fouet ses critiques acerbes, ses reproches et son dédain.
Je passais mes nuits avec mon ennemi et, de manière lancinante, l'idée de suicide revenait en boucle.

Je me disais : soit je finis ma vie comme cela, dans un enfer insupportable, sans possibilités d'évolution, avec cette femme qui me tire vers le bas et me pousse à la haine, soit j'arrête cette vie définitivement.

En même temps et durant trois longues années, une autre option m'apparaissait, de manière sporadique, qui allait me demander un courage incommensurable et pomper toute mon énergie, mais qui pour finir signifiait la liberté : arrêter cette relation toxique et nuisible. La contrepartie, en revanche, était terrible et m'a longtemps fait hésiter. Je devais abandonner les enfants (du moins les deux petits) auxquels j'étais très attaché, la grande étant de venue autonome. Je savais pertinemment que cette femme, qui partageait encore ma vie, ferait tout ce qui était en son pouvoir pour me couper définitivement d'eux et salir l'image du père. En un mot, elle les prendrait en otage. Et c'est bien sûr ce qui s'est produit lorsque j'ai décidé de quitter ce film d'horreur. Je passe les détails, mais je n'ai pas pu les approcher pendant 5 ans. Cette façon d'agir lui est revenue plus tard, comme un boomerang : dès leur majorité, les enfants ont décidé de quitter la maison de leur mère, et j'ai ainsi pu reprendre contact avec eux.

C’est alors que je me suis aperçu, contre toute attente, que je leur avais transmis les fondamentaux. Ils sont très vite devenus autonomes et sont en train de réaliser leurs objectifs.

De mon côté, j’ai su que j’avais pris la bonne décision. Très vite après avoir quitté ce marasme, j’ai recommencé à évoluer, à retrouver des revenus corrects et une nouvelle relation.

Mon postulat est que mes choix étaient condamnés, tout comme ceux que vous avez vécus ou que vous endurez encore aujourd’hui.

Reprenons mon exemple. Avec ma première femme, j’ai eu un premier enfant, puis deux, puis trois. J’avance un peu, mais recule de même.

C’est du sabotage, tout simplement. En effet, cette attitude psychologique m’amène à faire quatre pas en avant et deux en arrière. Au bout du compte, j’avance, mais à quel prix ! Je me sens comme Sisyphe qui pousse son rocher. Avec cette différence qu’au bout du compte je suis arrivé au point de non-retour.

Après une telle séparation, vous vous dites que chacun recouvre sa liberté, qu’il va pouvoir en profiter. Enfin, c’est ce que vous croyez ! Or l’autre vous fait « payer » le départ, soit à travers les enfants, soit par l’argent, ou encore en adoptant une attitude perverse. Et vous vous retrouvez à vous battre encore pendant quelques années. Le blâme moral est toujours pour celui qui abandonne.

Alors, vous vous êtes dressé contre le courant, vous avez dépensé beaucoup d'énergie et au bout du compte vous avez fini par avancer. Mais à quel prix !

J'avais donc retrouvé une nouvelle relation, mais comme je n'étais pas encore remis de l'ancienne, elle s'est vite transformée en codépendance affective. Alors que je poursuivais ma quête du Graal et ma foire au développement personnel et à la spiritualité, ma nouvelle compagne y était totalement réfractaire. Du moins au début. Je me rappelle avoir été obligé de me cacher pour méditer. Très souvent, je le faisais dans ma voiture, lorsque j'étais en prospection.

Lorsque vous êtes en codépendance affective, vous n'êtes plus vous-même, vous mettez un masque, et vous tombez dans l'inversion de polarité. C'est d'ailleurs, à l'heure actuelle, un phénomène de société.

Toutefois, après quelques années, où à mon contact, il lui a été permis d'évoluer, jusqu'à devenir médium spirite et maître Reiki, nos chemins se sont séparés.

À l'origine de l'humanité, le sacré était féminin. Pour les chasseurs/cueilleurs, cette notion était d'une grande importance. Aujourd'hui, sous les assauts répétés du féminisme, de la parité, de l'évolution des femmes vers l'égalité professionnelle, de l'évolution des rôles parentaux – attention, je tiens à le souligner, j'aime et je respecte les femmes – on entend monter les lamentations des hommes : « Les femmes veulent tout, elles sont en train de prendre le pouvoir dans la société. » La femme devient dominante, l'identité de l'homme perd de sa plus-value phallique. Les médias, comme les observateurs sociologiques, nous brossent le tableau d'un homme aigri pour lequel la femme serait devenue la rivale. Sans limites de pouvoir, celle-ci exige tout, dans la famille comme dans le travail.

C'est sans doute pour cela que, quelques années plus tard, j'ai été attiré par une femme de l'Est. Et par amour, je l'ai épousée. En effet, la femme de l'Est a pour particularité de saisir le rôle de la femme et celui de l'homme, l'importance de l'équilibre au sein du couple, en quelque sorte « le prix » à payer pour avoir un mari. Cela ressemble à un cliché, mais c'est vrai. Dans mon cas, j'étais parti la rejoindre dans son pays natal pour y travailler. Et si nous avons au bout du compte divorcé, alors qu'elle correspondait à presque tous mes critères pour être la partenaire de vie idéale, c'est que, d'un côté, son entourage a tout fait pour nous séparer, mais aussi parce que je n'avais pas compris qu'elle tenait absolument à vivre en France.

J'avais omis dans mes critères de sélection des points cruciaux. Ceux qui me permettent maintenant de vivre une relation magique avec ma compagne qui les revêt tous. Une relation harmonieuse et épanouissante dans le respect l'un de l'autre.

Ce que je veux dire, c'est que les hommes, dans notre société qui nous instrumentalise, semblent devenus un produit de consommation jetable. Et pourtant, les études sociologiques, et mon expérience le révèlent, hommes et femmes aujourd'hui sont particulièrement égaux dans la blessure.

L'avènement de la féminité n'en passe pas moins par un rôle de compagne, d'épouse, de mère. Pas si facile de déterminer le rôle de la femme et de l'homme au sein d'un couple.

Dans nos sociétés occidentales, la libération de la femme a progressivement modifié son rôle au sein du couple. L'homme décrit comme traditionnellement dominateur, protecteur, s'exprimant dans l'action, laisse place à d'autres modèles. Des hommes sans doute réjouis de l'égalité des sexes certes, mais des hommes privés de leur reconnaissance identitaire, de leurs repères traditionnels, impuissants à endiguer leur masculinité. Cela crée un malaise, notamment dans le couple.

Vous autoriser à être heureux

Avant de vous donner le plan d'action pour vous autoriser à être heureux et heureuse en amour, en couple, et avant de passer au changement concret, je voudrais revenir à l'équilibre intérieur, l'estime de soi.

Tout dans la création est énergie.

L'estime de soi, c'est-à-dire vibrer au plus haut niveau, induit une relation élevée, donc durable. Pour cela, laissez à l'autre des espaces de liberté. Voilà ce que vous devez retenir.

L'être humain a oublié qu'il venait de l'énergie la plus pure pour expérimenter l'amour et faire vibrer au plus haut niveau le cœur, l'organe terre. Tout est relié. Tout est énergie. Chaque action entraîne une réaction.

Il est intéressant de noter que si deux particules, très éloignées l'une de l'autre, ont été en relation à moment donné, elles continuent de communiquer de l'information à distance et instantanément. Il a été également prouvé que, dès que l'on observe les objets au niveau quantique, on les modifie du simple fait de les contempler. Nous sommes tous intrinsèquement reliés à tout l'Univers, et donc à toutes les vies. C'est à travers le champ corporel que notre corps est capable de communiquer avec tout ce qui est.

En suivant mes programmes, vous prendrez conscience de votre capacité à entrer en résonance à distance. Pour les plus incrédules, vous avez tous vécu « le hasard qui fait bien les choses ! » Par exemple, vous pensez fortement à une personne que vous n'avez pas revue depuis longtemps, vous vous demandez avec force de conviction, comment elle se porte, et fortuitement vous la croisez. C'est que votre pensée se met en cohérence avec votre corps, véhiculant cette information. N'avez-vous jamais senti les émotions de certaines personnes, proches de vous, résonner en vous ? L'effet sur le corps est considérable. Vous pourrez donc choisir ce qui vous convient réellement et l'obtenir instantanément.

Rappelez-vous que vous êtes unique et que vous pouvez modifier réellement votre vie que vous jugez parfois insignifiante ? Pourquoi ? Parce que la façon dont vous agissez vous est propre et personne ne le fera les choses comme vous ! Chacun de nous forme une pièce du puzzle. Au commencement, afin que tout soit connecté, dans l'infiniment petit ou dans l'infiniment grand, TOUT ne fait qu'UN.

Nous ne sommes pas faits pour être seuls, car c'est la mesure de l'un qui permet de donner la mesure de l'autre et inversement. Malheureusement, nombre de personnes évoluent en fonction du ou la partenaire avec qui ils sont.

Et moi, je suis là pour vous accompagner à la découverte d'un corps qui a perdu le contrôle, car conditionné.

Un couple peut vivre de manière harmonieuse, dans une fusion et une complémentarité indispensables. J'ai parcouru ce que j'aime nommer « la foire au développement personnel et à la spiritualité » pendant plus de 20 ans. J'en ai retiré une chose importante à comprendre : la loi holistique permet d'établir une vraie justice dans votre vie. Un peu de patience, vous comprendrez à la fin de ce livre !

Ce que je peux vous révéler simplement, c'est que si vous pensez tous les jours à ce que vous ne voulez pas voir arriver, l'Univers vous fera vivre ce que vous pensez tous les jours. L'Univers est un amplificateur. Autrement dit, si tous les jours vous vous dites que vous ne voulez pas perdre votre emploi, vous allez finir par le perdre.

Estime de soi et relation de couple

Il n'y a pas d'école de l'amour, ni d'école du couple, ni

d'école du sexe. Nous passons le plus clair de notre temps dans une sociabilité envers les autres, à l'insu de notre propre intérêt. Vous avez tous vu l'union de deux êtres amoureux créer un couple. Mais n'oubliez pas que, malgré tout, vous resterez seul (e) toute votre vie avec vous-même. Autrement dit, il faut savoir s'aimer soi-même pour pouvoir partager l'amour avec les autres.

Encore une fois, y a-t-il une école pour nous apprendre à nous aimer ?
Quelles que soient les religions, je remarque qu'aucun dogme n'apprend à s'aimer. Certains apprennent à croire en un DIEU qui pourrait les sauver et qui les recevra au ciel après leur mort physique. Pour d'autres, l'âme, elle serait vouée à un autre voyage, certains évoquent la réincarnation. Si vous êtes croyant, et que ce Dieu vous montre le chemin, n'en changez pas ! Pourtant derrière toutes vos certitudes qui dirigent vos choix, vos peurs, vos culpabilités ? Que reste-t-il de votre libre arbitre ? Que vous soyez croyant, athée, agnostique, je vous le redis : « apprenez à vous aimer vous-même ».

Votre vie est unique sur cette terre ; elle a tout pour vous prodiguer le bonheur. Et moi, je veux vous montrer le chemin, le seul, à emprunter.
Votre vie est une œuvre d'art ou devrait l'être. La vie est une force. Comprenez-le et tout devient possible.

« On ne voit bien qu'avec le cœur. » Antoine de Saint-Exupéry

Ce dont rêve la femme : l'homme le nouveau sexe faible ?

La société impose une égalité entre les hommes et les femmes. C'est une excellente chose. Pourtant, en ce début du XXIe siècle, la femme aurait-elle oublié sa vraie nature pour se plier aux conventions sociales ? L'homme pense qu'elle veut prendre le pouvoir. Dès lors, croire à la différence entre les sexes constitue, aujourd'hui, la solution la plus efficace pour maintenir l'ordre social. Pourtant, nous vivons une époque d'éveil spirituel et de désir de changement sans précédent. Beaucoup de consciences s'animent enfin. Vous en faites partie, j'en suis certain. Hommes, femmes, différents, mais tous égaux.

L'homme, le guerrier, le prédateur, le géniteur, le producteur, et la femme, la création, la réalisation, la fabrication.

Que ce soit chez les hommes ou chez les femmes.
La balance s'est retrouvée totalement inversée, et à l'extrême parfois.

Je pense qu'il est temps pour vous, mesdames, et vous, messieurs, de vous reconnecter à vos deux polarités. Ainsi, l'homme verra la femme comme son égale, son complément. Il comprendra le but spirituel des relations amoureuses. C'est-à-dire d'évoluer ensemble pour devenir la meilleure version de soi-même. C'est quelque chose d'irrésistible, puisque nous sommes programmés pour être attirés par cette complémentarité. La plupart des hommes pensent que pour attirer les femmes, il faut de l'argent, un statut, du pouvoir. Mais ils sont loin de la vérité. Souvenez-vous, c'est ce que je pensais aussi avant de m'apercevoir que j'étais complètement à côté de la plaque. Ce que la femme recherche, c'est la solidité de l'homme, mais mise à l'épreuve du bien.

Pour vivre une harmonie au sein de votre couple, il est important que vos polarités féminines et masculines soient développées. Il y a donc ici une invitation à la transparence et à la sincérité envers vous-même.

Comment comprendre et se sensibiliser sur le fonctionnement très différent de l'homme et de la femme ? D'où venons-nous ? Qui sommes-nous ?

Mieux comprendre la polarité féminine et masculine

Sexe masculin ou féminin, c'est la première différenciation sociale que l'enfant discerne. Cette distinction majeure amène l'être à recevoir une éducation qui y correspond. Il accède ainsi à son groupe identitaire, garçon ou fille. Il s'approprie graduellement, dès son plus jeune âge, des comportements qualifiés culturellement de « masculins » ou de « féminins ».

- Polarité masculine : conquérir – nourrir la famille – aller droit au but.

- Polarité féminine : avoir la fibre créative, de l'harmonie – assouplir au contraire de conquérir.

Il est important de savoir que vous êtes tous ici pour élever votre taux vibratoire, synonyme de métamorphose personnelle, et exprimer votre plein potentiel. Ce sont des étapes à franchir graduellement. Vous devrez passer par chacun de ces paliers pour vous connecter à votre corps, puis à l'Univers.

Homme et femme, devons-nous accepter et partager nos différences ?

Pour revenir au couple, vous pouvez très bien vous engager sans vous perdre dans la relation ou dans l'autre. Vous l'avez bien compris, il est primordial pour vivre une harmonie en soi, d'équilibrer ses polarités féminines et masculines.

L'homme est plus porté à accomplir à l'extérieur qu'à l'intérieur de la maison. De son côté, la femme est portée à agir à l'intérieur. L'homme va scier du bois pendant que la femme prépare le repas. C'est peut-être « cliché », mais cessez de penser que ce sont des stéréotypes, car ces inclinations sont ancrées dans la nature des êtres. L'être humain possède son programme, et ce programme le dirige vers une configuration métaphysique intimement liée au fait d'être un homme ou une femme. C'est une complémentarité mutuelle qui génère une force de vie et de réalisation formidable. Avec l'évolution de la technologie, la femme est tout à fait capable de scier du bois et l'homme de préparer le repas. Mais si la femme persiste dans ce domaine, que se passera-t-il ? Son homme intérieur prendra trop de place et cela détruira l'équilibre de ses pôles. Elle sera dépossédée de sa douceur, parce que tout simplement, elle fera un travail qui favorise la polarité masculine...

Elle ressentira alors des tensions dans son couple, parce que sa force sera par trop tournée vers l'extérieur. Il est en effet difficile pour une femme d'exercer des métiers qui ne correspondent pas à ce qu'elle est fondamentalement sur le plan métaphysique. Un excès ou une déficience entraîne incontestablement des perturbations dans le ménage. Les déséquilibres se font alors ressentir dans la relation amoureuse et sexuelle.

La femme a une émissivité, qui s'exprime essentiellement par le cœur et par l'intention. Avez-vous remarqué que lorsqu'une femme ne se sent pas bien dans son « chez elle », tout le monde dans la maison s'en trouve affecté. On dit souvent que la femme est le socle du foyer.

Ce que la femme ressent est pratiquement du concret pour elle. Elle dira à son conjoint : « Tu m'as dit que tu m'aimais avant de t'endormir et cela m'a profondément touché ; j'ai passé une excellente nuit. » Alors que l'homme a besoin qu'on le touche physiquement pour savoir qu'il est aimé, le lui déclarer même avec vigueur, ne lui suffit pas. Il a besoin de concret...

Pour autant, développer ses qualités féminines ne veut pas dire devenir femme au foyer quand elle ne le souhaite pas. Cela signifie s'exprimer avec réceptivité, douceur et compassion et peu importe le genre d'activité. Cela signifie cesser de rivaliser avec l'homme.

Assumer sa juste place en tant qu'homme ou en tant que femme amène un équilibre et une harmonie dans le couple, et la relation s'en trouve fortifiée, grandie.

Sexualité dans le couple, comment harmoniser nos différences ?

Une femme souhaite d'abord être comblée sur le plan émotionnel pour désirer un rapprochement sexuel. La femme a besoin de sécurité affective et émotionnelle. L'homme a besoin de sécurité sexuelle. Ce sont les pulsions sexuelles qui ouvrent le cœur d'un homme à l'amour. Il prend alors conscience des sentiments qui l'habitent et aussi de son besoin d'aimer et d'être aimé. C'est en le comblant sur le plan sexuel que sa compagne touchera le plus profondément son âme.

Souvent les femmes ignorent que si un homme est tellement impatient de passer au lit, c'est parce que cela lui permet en un sens de se reconnecter avec ses sentiments. En se concentrant sur son travail - Le guerrier - il a tendance à perdre le contact avec son moi émotionnel, son expressivité. Le sexe refait de lui un être complet. Il lui restitue simplement sa capacité à éprouver des émotions et à recevoir l'amour de sa femme. C'est grâce au sexe que son cœur s'ouvre et c'est par ce biais qu'il peut le mieux donner et recevoir de l'amour.

Dès lors qu'une femme commence à comprendre cette spécificité masculine, elle considère le sexe d'un regard nouveau, bienveillant. Au lieu de rapporter le désir masculin à une pulsion primaire dénuée de tout lien avec l'amour, elle le voit comme une manière pour l'homme d'aimer, de l'aimer. Et ses réactions à l'égard de ce qu'elle percevait jusqu'alors comme une obsession sexuelle changent du tout au tout.

Le sexe est le plus puissant outil dont elle dispose pour raviver les sentiments de son partenaire à son égard. Mais pas que. L'image qui me vient en tête, puisque je suis un ancien coureur automobile, c'est celle du rallye. Vous savez, le pilote et le copilote, chacun à sa place.

En restaurant votre polarité, votre vie sexuelle sera satisfaisante et nourrissante. Pour la personne qui touche, il s'agit d'être présent à soi-même, d'accorder une parfaite confiance à sa créativité. Pour le partenaire, il s'agit de se fondre dans l'instant, de s'ouvrir à soi-même. Vous pourrez alors abandonner le « faire », ce que vous pensez savoir, pour laisser vos corps vous enseigner l'art d'aimer. L'acte sexuel dans cette attitude permet l'expression du jeu de la polarité homme-femme. En clair, vos corps sauront comment faire l'amour et vous connecter aux vibrations les plus hautes. Dans cette rencontre sexuelle, tout devient possible. Ce qui marque cette différence, c'est la pleine conscience.

Que vous soyez un homme ou une femme, vous devez harmoniser en vous-mêmes ces deux polarités pour construire un couple épanouissant et indestructible.

Trouver l'homme ou la femme idéale

Quel est votre niveau vibratoire ? Est-il assez élevé pour attirer les personnes que vous souhaitez ?

Ne faites pas l'erreur de chercher à tirer vers le haut quelqu'un qui veut rester à un niveau inférieur. Vous ne réussirez jamais.

Relation amoureuse toxique

Vous êtes le maître de votre propre destinée. Vous pouvez créer la réalité que vous désirez. Vous le savez et voulez le partager. Pourtant votre mari ou votre femme s'y refuse. Au début, vous essayez de sauver, de changer et de guérir votre partenaire, pour finalement vous rendre compte que ce changement doit venir de lui. Il devient clair que votre partenaire ne veut pas changer, du moins pas comme vous le souhaitez. Pourtant, une partie de vous ne veut pas que la relation se termine, car vous l'aimez.
Peut-être que vous choisirez alors d'arrêter votre évolution. Mais très vite, vous vous sentirez coincé et malheureux. Votre intuition vous indique que le moment est venu de mettre fin à cette relation, mais les cordons d'énergie toxique qui vous lient sont trop forts.
Pourtant, croyez-moi, vous trouverez le courage de couper ces liens néfastes et de parcourir le chemin supérieur de joie et d'accomplissement qui vous a été révélé.

Comment surmonter une rupture ?

Vous comprenez désormais qu'il était impossible de rester dans votre relation précédente, parce que votre fréquence vibratoire n'est plus la même. Si vous étiez resté dans la relation, vous auriez risqué de perdre votre intégrité. Voyez cette rupture comme une occasion d'attirer des personnes aux fréquences vibratoires plus élevées, de même que des événements qui résonnent avec votre nouvel état d'être. Une porte ouverte aux infinies possibilités créant une abondance illimitée pour atteindre votre but.

Votre partenaire trouvera de multiples raisons à votre séparation. Il (Elle) pourra vous blâmer, se blâmer ou encore blâmer ses propres parents pour le mauvais exemple qu'ils ont véhiculé, certes. Mais la vérité, c'est que les relations se terminent lorsque les énergies des partenaires ne sont plus en résonance. Tout simplement.

Comme vous l'avez compris à la lecture des passages précédents, votre désir de vous reconnecter à qui vous êtes réellement devient de plus en plus fort. Seule votre conscience supérieure vous apportera des réponses. Même si vous pouvez être aidé et inspiré par les autres, plus vous vous élèverez de façon vibratoire, plus votre énergie augmentera, plus vous vous rendrez compte que tout est orchestré dans une perfection incroyable. Plus vous baignerez dans une vibration élevée (énergie positive), plus vous attirerez à vous des événements positifs. Vous serez connecté à votre conscience supérieure. Vous serez tourné vers quelque chose de plus grand que vous.
Dès que je vous aurai donné les clés, vous percevrez de plus en plus profondément cette connexion entre vous et tous les autres êtres vivants qui vous entourent. Vous comprendrez l'impact de chacun de vos propos, pensées et actions. C'est ce que vous découvrirez à la fin du livre. Vous saurez que vous faites partie de ce TOUT et que tout est relié.

Éveillez votre force intérieure

Dans toute interaction relationnelle, on ne peut entrer en contact avec quelqu'un que lorsque l'on est au même niveau vibratoire que lui, que ce soit dans les relations intimes ou amicales. A contrario, on peut subir des relations, notamment dans la vie professionnelle. Si vous prenez le métier de commercial, par exemple, les prospects ou clients ne sont souvent pas au même niveau vibratoire. Les vendeurs doivent obligatoirement s'y adapter. Pour cela, ils vont devoir descendre pour se mettre sur le même plan énergétique que leur interlocuteur. Ce qui engendrera beaucoup de stress, un manque d'estime et de confiance en soi.

Dans le cas d'une relation volontaire, rien ne peut se produire si l'on n'est pas au même niveau vibratoire. Pour que les choses se passent bien, il faut que les deux personnes vibrent à un échelon identique. La relation peut alors s'installer.

Par contre, si l'une des deux s'élève, que ce soit l'homme ou la femme, celle qui sera restée au niveau inférieur fera tout pour faire redescendre son ou sa partenaire. Parce qu'il ou elle se rappelle combien c'était « bien » auparavant.

Si vous vous êtes élevé, mais que vous acceptez ce compromis de revenir à un niveau vibratoire inférieur, vous allez mettre un genou à terre, puis deux. Vous avez donc deux choix : soit de redescendre et ce sera beaucoup plus bas – mais alors vous vivrez un manque d'estime de vous-même ; soit vous continuez à vous élever et vous êtes obligé de vous détacher de l'autre. C'est blanc ou noir. Le gris n'existe pas. Dans 2 % des cas, seulement, un individu parvient à élever son partenaire. Ils vont alors évoluer ensemble intimement, en équipe soudée : un pilote et un copilote.

Qui suis-je ? Un agitateur de consciences

Oui, je veux agiter les consciences et plus particulièrement la vôtre. Je suis un initiateur de VOTRE métamorphose. Rien ni personne dans cette vie ne peut vous obliger à régresser. Mon but est de vous sortir de votre carcan. Pour cela, il y a des solutions logiques, des réglages mécaniques. La majorité du temps, vous n'osez les mettre en œuvre. Pourquoi ? Parce que vous êtes gouverné par la peur, comme, par exemple, celle du manque. Vous avez tendance à vous contenter d'une relation toxique, car vous vous dites : « c'est toujours mieux que rien ». Seuls les formatages vous obligent à supporter cette situation.

Élevez votre puissance vibratoire

La solution est de chercher à élever l'autre. C'est l'idéal, mais, comme je vous le disais, cela ne se passe que dans 2 % des cas. S'il y a une réceptivité, avec un travail adapté, l'autre personne évoluera. Dans le cas contraire, si faire progresser n'est pas possible, l'unique réponse, c'est : « bye-bye ». Mais, attention, pas n'importe comment : En pardonnant, en bénissant, en libérant et en laissant aller.

Ne vous contentez pas de faire semblant d'être heureux, de ne faire que des compromis, car ceux-ci n'entraînent finalement que la compromission. Et vous le savez bien. Pourquoi ? Parce que vous vous oubliez dans le compromis. Vous resterez parce que c'est toujours mieux que rien ou parce qu'il y a les enfants, par exemple, ou encore parce que vous vous sentez trop vieux, ou vous avez peur de vous retrouver seul. Dans la vie tout est lié. Si vous partez sur de mauvaises bases, votre vie continuera ainsi. Vous poursuivrez votre descente vibratoire jusqu'à ce qu'il y ait un déclic.

C'est la vérité

Mes formations premium durent entre 12 et 18 mois. Eh oui ! Il faut le temps de déprogrammer ce qui s'est installé en vous des années durant. Les conditionnements sont vraiment très profonds. Et plus globalement, ils datent de plusieurs milliers d'années, puisque tout ce que vous traînez dans votre ADN vous a été légué par vos ascendants. Sans oublier la fameuse morale judéo-chrétienne - qui est également valable pour toutes les autres religions - dont le but inavoué est de prendre le pouvoir sur les gens.

En dehors de mes formations, je suis numérologue. Et je me rends compte que le nombre dominant qui ressort actuellement dans 80 % des cas, c'est le chiffre 5. Le chiffre de l'aventure. Cela veut dire que l'Univers est en train de nous demander, à l'heure actuelle, de sortir des carcans, des formatages et des conditionnements et donc de partir à l'aventure et d'aller vivre sa vie. C'est exactement ce qui nous est demandé maintenant.

Les mots ont une vibration

Les Français ont plus de mal, parce qu'ils restent enchaînés à tous ces câblages neuronaux depuis des millénaires. En effet, nous avons le langage le plus négatif au monde du point de vue linguistique, avec le plus de tournures négatives sur la planète. Cela provient de schémas de communication légués depuis des siècles. En fait, il y a cette impossibilité de dire la vérité en quelques mots, sans se heurter à tout un tas de méandres neuronaux et psychologiques. Pour moi, la vérité quelle est-elle ? C'EST LA VÉRITÉ. Et je dois pratiquer des « électrochocs dans votre cerveau » de manière à vous réveiller. C'est l'unique solution. Et c'est ma mission.

Vos super pouvoirs

Je veux que vous repreniez le pouvoir sur votre vie. Vous avez un pouvoir incommensurable, mais tout a été fait pour l'enterrer. En fait, vous pouvez agir et faire ce que vous désirez avec qui vous le souhaitez. C'est la liberté totale. C'est réaliser le rêve que l'Univers a mis au fond de vous, lorsque vous êtes arrivé sur cette terre, et accomplir votre mission. Libérez les trois canaux. Le premier : le canal physique. Car lorsque vous avez une santé déplorable à cause de la malbouffe, de l'alimentation morbide (diabète, surpoids, AVC, etc.), vous êtes dans l'impossibilité, dans un premier temps, d'élever votre taux vibratoire et de reprendre le pouvoir sur votre vie. Le second canal : le relationnel. Si vous rentrez chez vous pour vivre un conflit perpétuel, vous ne pourrez augmenter vos vibrations. Le troisième canal : l'argent. Si vous êtes couvert de dettes et dans la crainte de ne pouvoir vous en sortir, vous ne pourrez pas, non plus, vous élever.

Ces trois points seront développés dans la suite du livre.

Comment arrêter définitivement ces schémas de répétition

C'est vraiment du vécu. Rappelez-vous, j'ai parcouru pendant vingt années mes fameuses « foires au développement personnel et à la spiritualité ». Je suis aujourd'hui LE SEUL à avoir reconstitué le puzzle. Je suis le seul en francophonie à avoir impacté la vie de 60 000 personnes en l'espace de 18 mois, à avoir réalisé plus de 6 000 coachings personnels offerts pour aider les gens sur une année.

Sur les trois canaux dont je vous parle (physique, relationnel et financier), j'ai constaté que dans tous les cas, au moins l'un d'entre eux reste bloqué, même pour celles et ceux qui ont des années de développement personnel derrière eux. En effet, nous ne nous servons que de 5 à 10 % de notre cerveau. Cela veut dire qu'il nous reste 90 à 95 % pour ouvrir de nouvelles voies. Cela nécessite toutefois de mettre en place des aiguillages afin que le cerveau s'engouffre sur de nouveaux rails. Ce sont les réglages mécaniques primordiaux : mentaux, physiques et émotionnels. Sinon, vous reproduirez en permanence le même schéma.

J'ai conscience de pouvoir choquer. La question, la seule que vous devez vous poser, c'est : qu'est-ce que je veux moi, pour moi, à partir du moment où c'est bon pour mon évolution ? Lorsque vous y répondrez, vous serez libre.

Pour aller plus loin :
academieaime.com

Chapitre V – La quête du Graal

Après avoir posé deux genoux à terre, j'ai entrepris la quête du Graal. C'est là que j'ai commencé la foire à la spiritualité et au développement personnel. J'ai pris absolument tout ce qui se présentait à moi. Je suis même allé au-devant. C'est comme une immense foire. Il y a un grand porche. Vous entrez, il y a des stands à droite, des stands à gauche et je les ai tous faits. Cela a duré 20 ans. Heureusement un éclair de lucidité m'a fait dire : « tu vas faire cette formation, ce séminaire, mais si au bout de 4 semaines tu n'as pas de résultat, tu passes à autre chose. » Et heureusement, car j'avais entrepris un chemin sur lequel j'aurais pu me perdre des millions de fois et tomber sur du tout et du n'importe quoi. L'intérêt est que cela m'a permis de conserver uniquement ce qui fonctionnait et de reconstituer le puzzle. Personne n'a eu le même chemin que moi, car personne n'a consacré plus de 20 ans de sa vie pour le faire. J'ai dépensé plus d'un million d'euros en comptant les séminaires, les formations, les billets d'avion, les hébergements, etc. Chacun de ces événements m'a servi de tremplin et d'ascenseur vibratoire.

J'ai été un zappeur fou pendant plus de 20 ans ! Il fallait absolument que j'aie des résultats immédiats. Si je ne les avais pas, je passais à autre chose. Mais bien m'en a pris. J'ai sûrement été guidé. Chaque fois que je trouvais des éléments qui fonctionnaient, je creusais à fond. C'est ce qui m'a permis d'apprendre tout ce que je sais maintenant et de reconstituer le puzzle au complet. Bon nombre vous vendront des morceaux du puzzle, des pièces, parfois une ou deux en même temps, mais jamais rien de plus. Je suis le seul à l'avoir complètement reconstitué.

Effectivement, des mentors ont été placés sur mon chemin. C'était à chaque fois comme une évidence. Dès que je remplissais un tableau une porte s'ouvrait et je passais dans le tableau suivant, comme dans le jeu « Arkanoïd ». Allez le chercher sur un moteur de recherche, vous comprendrez ce que je veux dire.

Ma première rencontre impactante s'est passée il y a 20 ans, avec Anthony Robbins. Ce furent mes ultimes formations en développement personnel. Ce coach a tout compris du fonctionnement du mental humain. Mais on reste encore dans le mental avec lui. Sa mission, c'est uniquement d'ouvrir les consciences (à la chignole, comme je dis souvent en plaisantant). À ma première rencontre, à travers ses livres, puis en séminaire, j'ai compris qu'il avait vraiment disséqué le cerveau humain. Il avait fait le tour des millions de kilomètres du système nerveux, des milliards de neurones qu'il a fini par connaître par cœur. Avec lui, il ne s'agit plus de programmation neurolinguistique, mais de conditionnement neurolinguistique.

Ensuite, j'ai rencontré mon premier mentor, un sage japonais qui avait suivi beaucoup de doctrines, notamment shintoïstes, et l'enseignement du Zen. Il m'a ouvert la connexion à l'Univers, m'invitant à poursuivre mon chemin et chercher les origines de tout. C'est grâce à lui que j'ai creusé profondément et consulté tous les écrits d'origine. Un déclic ! C'était un maître et il m'a guidé en tant que tel. Il m'a beaucoup enseigné, notamment comment utiliser l'énergie de l'Univers, se connecter pour devenir une sorte de transfuseur, puis redonner cette énergie à tous et à toutes choses. Une prise de conscience phénoménale. Ce n'était pas un pouvoir, je devenais carrément canal. C'est grâce à lui que j'ai découvert le deuxième mentor, en allant chercher plus profondément. J'ai repris absolument tout ce qui existait des écrits sacrés. Il m'avait enseigné comment les appréhender, comment les lire. Parce que c'est un chemin sur lequel on peut facilement se perdre. J'avais le discernement pour pouvoir les lire et y trouver la vérité. Il m'a fait remonter jusqu'aux Upanishad (les premiers enseignements hindouistes qui datent de plusieurs millénaires). Il avait une connaissance holistique du monde dans lequel on vit, c'était impressionnant. Grâce à lui, j'ai découvert tous ces enseignements et dans le même temps, j'ai été guidé vers une Mataji népalaise, c'est-à-dire une personne éveillée. Elle n'est pas connue, et accepte uniquement quelques élèves déjà avancés sur leurs chemins. Pour arriver jusqu'à elle, il faut être guidé. Elle m'a enseigné tous les centres de l'énergie que nous avons en nous. Elle m'a fait comprendre que nous sommes des Univers à nous seuls et que nous fonctionnons exactement comme l'Univers. Nous avons des centres d'énergie, souvent bloqués à cause de notre vie moderne. Elle m'a appris comment les débloquer.

C'est exactement ce que je retransmets maintenant dans ma formation premium : Comment se dégager de tous les carcans du monde humain. Ce qui permet de se déconditionner complètement, de se dépolluer. On oublie ce qui nous a été enseigné depuis le début, nous formatant pour être de bons petits esclaves, serviteurs d'un système pernicieux.

Rétablir l'énergie nous permet de nous reconnecter directement à la source. C'est ce dont mon deuxième mentor m'a souvent parlé.

Et c'est elle qui m'a envoyé vers mon troisième mentor, en Bretagne. Un de derniers templiers qui m'a appris à me recharger dans les lieux géométriquement sacrés, ainsi que les enseignements originaux détournés par certaines religions. Une véritable révélation ! De cette manière, la boucle était bouclée.

Cette quête du Graal a été quelque chose d'instinctif pour moi, c'est-à-dire chercher la dimension supérieure. Je voulais absolument savoir ce qui m'était arrivé, pourquoi cela m'était arrivé. J'ai cherché le moyen de ne plus reproduire ce schéma. J'avais pris conscience que tout ce qui a trait au mental, aussi hyperpuissant soit-il, n'était pas suffisant. Je ne vais pas parler de chance, ça n'existe pas. Mais j'ai été téléguidé pour être face à des écrits accessibles à peu de personnes. Notamment les vrais manuscrits de la Mer Morte avec leur traduction. J'ai rencontré la personne qui les a traduits. J'ai eu le Talmud entre les mains, la Torah… mais si vous ne savez pas les lire, si vous n'avez pas la bonne méthode, vous ne savez pas comment faire pour intégrer leur portée… Les Livres des Morts égyptien et tibétain, vous ne les appréhendez que sur un niveau de conscience. Selon ce que j'ai appris, il existe au minimum trois niveaux de conscience différents. Avec 7 milliards d'individus sur la terre, il y a autant d'états de conscience différents. L'Univers a besoin pour s'étendre sur lui-même des différents états de consciences de l'humanité. Une fois assimilés, nous pouvons nous remémorer les passages des Évangiles où Jésus disait : « Rien n'est bien ni mal. Tout dépend de votre perception ». Tout a sa place dans l'Univers. C'est très, très difficile à assimiler pour beaucoup de personnes. Nous pourrions en déduire que la pire des personnes aurait sa place. C'est une réalité, l'Univers a besoin de tous les états de conscience pour continuer à s'étendre.

Reprenez la Bible, par exemple. N'importe quel passage. Au premier état de conscience, vous pourrez le lire au niveau physique, au premier degré. Vous prendrez ce qui est écrit pour acquis. C'est la lecture de tous les intégristes, dans toutes les religions qui déforment complètement les textes d'origine.
Le deuxième niveau de lecture : plus psychologique, psychique.
Enfin, le troisième niveau sera assimilé à un niveau spirituel.
Prenons un exemple : la parabole du semeur. Il faut se remémorer qu'à son époque Jésus parlait de manière intelligible pour la plupart des personnes venant l'écouter. Pourtant ses paroles pouvaient déjà s'interpréter à trois niveaux différents. Tout ce qu'il enseignait était très profond, mais il se servait de mots simples pour que les gens puissent comprendre.
« Voici, disait-il, que le semeur est sorti pour semer. Comme il semait, des grains sont tombés au bord du chemin et les oiseaux étant venus ont tout mangé. D'autres sont tombés sur le sol pierreux, où ils n'avaient pas beaucoup de terre et aussitôt ils ont levé, parce que la terre était peu profonde. Le soleil s'étant levé, ils ont brûlé et, faute de racines, ils ont séché. D'autres grains sont tombés dans les épines ; les épines ont poussé et les ont étouffés. D'autres sont tombés sur la bonne terre et ils ont donné du fruit à raison de cent, ou

soixante, ou trente pour un. Celui qui a des oreilles, qu'il entende ! »
Au premier degré, le semeur épand ses graines, les oiseaux mangent les graines. D'autres tombent dans un endroit pierreux, lèvent, mais meurent aussitôt. D'autres tombent dans les épines qui étouffent tout. Seul un tout petit peu va pénétrer la bonne terre et pousser. C'est un premier niveau.
Au deuxième niveau, le psychologique, les graines sont des pensées. Je suis le semeur, je sème des pensées. Puis, le doute va venir. Le doute représente les oiseaux qui vont tout manger. Les graines tombées dans un endroit pierreux, évoquent la confusion mentale. Celles-ci germent un peu, mais il n'y a pas assez de profondeur pour s'enraciner. Le soleil se lève, les brûle. C'est fini, elles sont desséchées. Je vais envoyer d'autres pensées qui vont se retrouver dans un marasme mental complet. Elles ne vont pas pouvoir s'ancrer. Elles sont comme des épines.
Et puis d'autres pensées que je vais émettre, avec un peu plus d'intention et d'attention, vont donner quelques fruits, qui sur de la bonne terre vont finir par pousser.
Le troisième niveau de lecture est spirituel. Des graines seront semées, celles de la connaissance. Ces dernières vont tomber au bord du chemin. Or des prédateurs vont venir les chercher et les enlever. Ainsi personne ne pourra les recevoir. Alors, telle la parabole, je vais continuer à semer, à prodiguer mon enseignement et d'autres graines vont choir dans des endroits un peu plus arides, pierreux. Il y aurait une possibilité de les voir pousser, mais du fait du conditionnement subi rien ne pourra lever, les racines ne sont pas assez profondes. Certains de mes enseignements vont directement tomber dans les épines. Car ceux qui les reçoivent sont contre tout, vont

dénigrer, etc. Une fois encore, rien ne poussera. Enfin, je vais donner mon enseignement à un très petit nombre apte à le recevoir. Le terrain étant favorable il va donner du fruit et se démultiplier de façon exponentielle, 10, 100, 1000.

La représentation de Dieu est un concept complètement galvaudé, formaté. Les religions ont elles-mêmes détourné les enseignements d'origine. Les religieux ont tué les religions. On se retrouve donc dans un monde conditionné. Je vais être direct : on vous fait avaler et croire n'importe quoi et pire le système cherche à vous mettre des carcans. Dans l'Univers, cela n'existe pas. C'est pourquoi je prends le concept de Dieu avec précaution. Et c'est dommage, parce que dans toutes les langues le mot « Dieu » signifie « celui qui vibre à la plus haute fréquence ». Je préfère parler de l'Univers, de son immensité, de son omnipotence, omniprésence et omniscience. J'occulte volontairement le nom de Dieu, parce que comme pour l'argent et le sexe, les gens se retrouvent indubitablement sur des montagnes russes émotionnelles.

La plus petite particule connue est celle qui se situe au centre des trous noirs, qui vibre à la plus haute fréquence et qui se déplace à la plus haute vitesse, c'est Planck qui avait découvert son existence hypothétique. C'est pour ça qu'on l'appelle la particule de Planck. Son existence vient d'être prouvée par une équipe de scientifiques hongrois dirigée par le Professeur Krasznahorkay avec lequel j'ai l'honneur d'être en relation, ils lui attribuent même le terme de cinquième force. Elle est entrée officiellement dans la nomenclature scientifique en novembre 2018 sous le nom un peu barbare de Boson X17. Elle est au centre des trous noirs, dans le vide, là où il n'y a rien. Pourtant dans le rien non seulement il y a quelque chose, mais il s'agit de la plus haute fréquence et de la plus haute vitesse. Elle vibre à 2,952 millions d'Hertz et se déplace à 64 fois la vitesse de la lumière. Et même dans certains cas cette particule consciente, qui fait plus que ce qu'on lui demande, vibre jusqu'à 4,110 millions d'Hertz et se déplace jusqu'à 108 fois la vitesse de la lumière C'est à partir de cette infinitésimale particule que tout a été créé. C'est par sa puissance phénoménale qu'elle a créé le Big bang. Ce qui a engendré les masses gazeuses, les étoiles, les planètes, etc. Notre terre, issue d'un amas de gaz, s'est transformée en eau pendant des milliards d'années, avant l'apparition de la première amibe unicellulaire. C'est la première forme de vie.

J'ai vu mon second mentor faire des choses extraordinaires. La moindre de ses pensées se manifestait immédiatement. Il n'utilisait pas cette faculté à son avantage. Pourtant il suffisait d'être à ses côtés pour en avoir la preuve. Mais il ne se mettait jamais en avant. Il était connecté en permanence. C'est comme s'il avait une baguette magique. Il me disait : « tu vois ce papillon ? » Non, je ne le percevais pas. Et d'un seul coup, il apparaissait et se posait sur son doigt. Quand on a cette capacité, il suffit de penser à quelque chose pour l'obtenir immédiatement. Il existe quelques personnes comme lui, mais vraiment très, très peu. J'ai eu la grâce d'en côtoyer un. Pour ma part je devais d'abord tout reprendre depuis le début et revoir les enseignements d'origine. Je lui ai demandé de m'enseigner la connaissance. Il m'a répondu de faire mon propre chemin initiatique.

Il ne pouvait pas m'enseigner ce qu'il savait, parce que je ne pourrais comprendre. Je devais en faire l'expérience pour m'élever. C'est-à-dire comprendre ce qu'est l'Univers, de quoi il est composé, comment il agit et interagit. Voilà ce que j'enseigne maintenant.

Je me suis demandé ce qu'étaient ces enseignements d'origine. Bon, la Bible ! Mais quelle version de la Bible ? J'ai commencé à chercher des variantes et j'ai trouvé les écrits qui se rapprochaient le plus des origines. J'ai procédé de même avec les évangiles. Et j'ai eu la grâce d'être mis en face des Manuscrits de la Mer Morte. Avec les Évangiles selon Marie, Philippe, Thomas, etc. C'est hyperpuissant. Il y avait des textes qui manquaient et dans mes recherches j'ai rencontré les traducteurs originaux de ces manuscrits. Ces derniers ont été trouvés dans les années '90. Chaque étape faisait partie de mon chemin initiatique.
Lorsque vous projetez une intention constante, au fur et à mesure de votre avancée, des choses se produisent sur votre route. Quelqu'un arrive et vous dit : « untel a commencé à traduire ceci. Prenez contact avec lui ». Alors vous vous rendez compte qu'ils sont cinq à avoir traduit des éléments trouvés il y a très peu de temps. Tel a été mon chemin pendant 20 ans ponctué de rencontres phénoménales. J'ai eu la grâce d'avoir accès à des choses comme peu de mortels y ont droit.

Tony Robbins m'a aidé à franchir une grande étape. En effet, j'étais dans un sentiment d'impuissance, quoi que je fasse, c'était d'avance voué à l'échec. Ses méthodes m'ont permis de m'affranchir de ces blocages. Et ça a été salutaire. Je m'en suis servi pendant des années pour remonter la pente tant au niveau, matériel que financier. Et surtout pour éviter la rechute. Les montagnes russes, je connaissais, les pentes savonneuses aussi. Le deuxième mentor m'a ouvert un champ infini de possibilités. Il m'a guidé vers l'étape supérieure. Il ne s'agissait plus de porter l'attention, souvent très concentrée au niveau mental, mais une fois connecté, de savoir qu'une pensée suffit pour que sa projection se matérialise. C'est tellement puissant. Tout le monde redevient un petit enfant devant le Père Noël.

Bien entendu, il vous faudra cheminer. Les élèves de mon cursus premium travaillent avec assiduité pendant 18 mois. À présent des synchronicités se mettent en place en permanence. Tous les obstacles sur leur chemin disparaissent d'eux-mêmes.
Avez-vous la vie dont vous rêvez ? Est-ce le rêve que l'Univers a mis au fond de vous ? C'est de cela dont je parle. Et c'est exactement ce qu'atteignent mes élèves. Après 12 jours sur mon île, ils sont en synchronicité permanente. Tout ce à quoi ils pensent se manifeste immédiatement à tous les niveaux dans tous les domaines de leur vie. Ma méthode est d'ancrer cette synchronicité permanente dans votre quotidien.
Je vous donne un tuyau, remerciez à chaque fois.
C'est comme si vous aviez le génie de la lampe d'Aladin. Vous frottez la lampe et hop, ça y est !
Cependant, vous devez savoir que, mal utilisé, vous prendrez un retour de bâton immédiatement. Et avec la même puissance.

Je vais vous donner un exemple. Je suis mes clients pendant 44 ateliers avant leur venue sur mon île. Et 20 autres après. Je leur enseigne que tout dépend de l'attention et de l'intention. Cet enseignement fonctionne en positif et attention aussi en négatif. Je m'explique. Un de mes élèves est chauffeur de taxi.

Une personne un peu éméchée l'a hélé pour une course. Sur quoi met-il l'attention ? Sur le souhait qu'il ne vomisse pas. Devinez ce qui s'est produit ? Il a vomi immédiatement. Il me raconte l'histoire et je lui demande : quelle attention y as-tu mise ? Il a eu peur que ce client vomisse. Le subconscient ne comprenant pas l'expression « Ne pas », c'est comme s'il voulait que le client vomisse. Pourtant, semble-t-il, le client n'avait pas spécialement envie de rendre, ça a été plus fort que lui. Comme cela fonctionne dans les deux sens, il vaut mieux être positif.

Vous devenez cocréateur avec l'Univers. C'est une symbolique souvent occultée. Dans les prochaines années, ceux qui ne seront pas alignés sur le plan vibratoire, resteront au bord du chemin. Le phénomène s'accélère de plus en plus. En effet notre planète connaît un afflux de vibrations issues de la source de l'Univers selon une exponentielle particulière. C'est ce que j'explique à mes élèves.

J'ai une mission et j'irai jusqu'au bout. J'ai commencé sur internet avec ma formation premium qui s'appelle Anypsologie®. C'est la Science de l'Elévation Vibratoire®. Notre vie dépend uniquement de l'élévation de nos vibrations. C'est ce que tout le monde, et en particulier certains lobbies veulent vous cacher. Tout commence par la science de l'élévation vibratoire. ET CE CURSUS dure de 12 à 18 mois, en fonction de l'assiduité des gens. Il est composé de 64 web ateliers. Il y a une initiation de 12 jours, all inclusive, sur mon île, parce que c'est un des vortex principaux de la planète, un centre d'énergie qu'on peut assimiler au premier chakra. C'est vraiment très puissant. C'est à partir de là que tout s'ouvre. Et les gens qui repartent d'ici prennent conscience de ce qu'est la lévitation. Ils repartent cocréateurs avec l'Univers en permanence. Ils sont complètement métamorphosés. C'est-à-dire qu'ils ne seront plus jamais les mêmes. Ils ont complètement coupé leurs chaînes.

La lévitation est une expérience en dehors de toute apesanteur. Vous n'avez plus aucune limite physique. Vous êtes relié au tout et n'avez plus la conscience des trois dimensions. Vous faites partie d'un tout et vous êtes fondu dans le tout. Vous êtes le tout en même temps. La pesanteur que l'on connaît ici n'a plus lieu d'être. C'est une expérience extraordinaire, vraiment fantastique.

Vous avez la sensation très claire, très concrète que votre corps décolle, que toutes vos cellules sont tirées vers le haut. Il s'agit là d'un premier niveau de sensation. Mais, il est possible, en travaillant, et à condition de le vouloir, d'annihiler effectivement la pesanteur. Votre corps s'élève alors.

Certaines personnes vivront cette expérience de temps à autre, pour d'autres c'est un état permanent. Entre quelquefois et un état constant, il y a une énorme différence. Mais atteindre cet état permanent nécessite une discipline, de mettre des choses en place et de faire des réglages mécaniques. À tous les niveaux : physiologique, mental, émotionnel, spirituel. Tant que ces réglages ne sont pas mis en place, ce phénomène demeurera ponctuel. C'est déjà extraordinaire par rapport à la majorité de la population, mais c'est sporadique. Je vous enseignerai comment être dans ces états et les maîtriser totalement. Pour avancer dans des synchronicités permanentes dans vos vies.

Maintenant, je vais parler de richesses dans tous les domaines de sa vie. Que ce soit financier, relationnel...

je préfère parler de richesses que de revenus à 6 chiffres. C'est une notion tellement galvaudée. Il y a des gens qui ne sont pas attirés par le côté financier pur, alors que ça fait partie de la vie. La seule chose que je peux vous dire c'est de mettre l'intention dessus. C'est-à-dire, si c'est vraiment ce que vous voulez, à condition que vous sachiez pourquoi vous le désirez...vous pourrez l'obtenir. Ce n'est pas de dire « je veux un million d'euros ». J'en ai des tonnes de consultants qui viennent me voir en disant « je pars de 15 000 euros de revenus annuels et je veux un million d'euros. » C'est une impossibilité. La marche à franchir est trop importante. Surtout si vous n'avez pas mis en place ce qu'il fallait à tous les niveaux pour le faire. Si vous savez pourquoi vous voulez un revenu à 6 chiffres, que vous mettiez votre intention, votre attention dessus, effectivement, c'est exactement ce que vous allez avoir. Maintenant à quoi cela correspond pour vous ? Je n'en sais rien. Pourquoi le voulez-vous ? Déjà s'agit-il d'un million d'euros ?

À partir du moment où c'est clarifié, vous pourrez envoyer un bon de commande très clair et très précis à l'Univers. Et, pas à pas, avec des réglages complètement mécaniques, vous aurez débloqué, vous aurez dépollué, déconditionné toutes les glandes endocrines. Les principales : le thymus (au centre cœur), votre émetteur et la glande pinéale (au centre de votre cerveau), votre récepteur. À partir du moment où tout sera décalcifié, où tous les flux seront devenus normaux, fluides à l'intérieur de votre corps physique, physiologique, où vos neurones, vos synapses, vos axones seront complètement alignés, alimentés, oxygénés et hydratés, tout fonctionnera de manière optimale. Ainsi vous pourrez envoyer une commande précise à l'Univers. Et l'Univers va se dépêcher de préparer votre commande et de vous l'envoyer par « DHL ». Comment ? Par des intuitions, par des pensées, par des idées qui vont vous arriver à travers votre glande pinéale. C'est exactement le processus. C'est mécanique, logique et il n'y a pas de magie blanche. C'est pragmatique.

Par contre, il faut être guidé pour cela. Et c'est ce que je fais. Pas à pas. Quand je parle de 64 web ateliers en tout, cela représente 150 heures de formation.

Et 150 heures, ce n'est que la formation théorique. Parce que sur mon île, pendant 12 jours, c'est sans interruption. Du matin au soir avec des travaux pratiques.

Ce que les participants apprennent à faire, dans les 20 autres web ateliers, c'est une retransmission en one to one. Dans un premier temps. Ils n'ont pas encore la capacité de pouvoir l'enseigner à un groupe.

Ils auront cependant la capacité d'élever les autres. Déjà, on ne peut plus les approcher avec des sentiments de colère. Cette sensation sera bloquée, la personne fera demi-tour immédiatement. Et tous ceux qui seront autorisés à les approcher, sans faire demi-tour, seront élevés naturellement.

Nous sommes à l'ère d'un changement de paradigme majeur, qui va permettre à ceux qui feront les efforts de sortir définitivement de la souffrance et du manque.

Une relation exponentielle va se mettre en place et élever le niveau vibratoire de la planète. Et tout passe donc par les réglages. Il faut absolument que ce soit bien intégré. Et c'est ce que j'enseigne.

C'est un programme qui n'est pas à la portée de tout le monde. En effet, j'ai ciblé ma clientèle sur des élèves qui ont plus de 5 ou 10 ans de développement personnel et qui ont déjà eu des résultats. Toutefois, ces derniers ont atteint le plafond de verre du développement personnel. Ils sont bloqués, parce qu'ils n'ont pas les outils nécessaires pour aller plus loin. C'est ce qui m'est arrivé. Grâce à leur cheminement, ils ont eu des résultats, notamment au niveau financier ce qui leur permet de s'offrir cette formation. Ma garantie est basée là-dessus. Vous êtes arrivés à ce stade et vous êtes bloqués. Je vais vous dire pourquoi, comment débloquer et enfin aller chercher le rêve que l'Univers a mis au fond de vous. Lorsque vous l'accomplirez, vous trouverez également votre mission. Tout comme pour moi. Mais attention de ne pas demeurer bloqué dans le mental. Concrétisez le rêve que l'Univers a mis au fond de vous lorsque vous êtes arrivé sur cette terre. Je vais vous guider pour faire ressurgir votre rêve. Ensuite votre mission se concrétise et vous permettra de métamorphoser votre vie dans tous ses domaines. C'est une formation complètement holistique qui traitera le physiologique, le relationnel, le financier bien entendu, le mental, l'émotionnel et le spirituel.

Vous devez avoir la certitude qui dépasse la « foi » comme nombre de mes clients. « De toute façon l'Univers pourvoira à mes besoins, parce que je lui envoie un message très clair : j'en ai marre de cette vie, je veux la métamorphoser et cette fois-ci, je veux travailler la main dans la main avec lui. » Croyez-moi, j'ai vu des gens qui n'avaient même pas le montant de l'acompte pour s'inscrire. Ils ont emprunté et au bout de six mois ont pu solder la totalité pour faire le voyage sur mon île du Pacifique. Vous deviendrez des associés de l'Univers. Ça nécessite simplement l'impulsion de départ. Au fur et à mesure des web ateliers, quand vous comprenez comment ça se passe et le mettez en pratique, les synchronicités arrivent. En revanche, ce que je ne veux pas, c'est quelqu'un qui aurait l'argent pour se payer la formation, mais qui sera incapable d'être enseignable. Parce que, d'une part mes enseignements seraient dévalorisés et d'autre part ses circonvolutions neuronales de doute l'empêcheront de s'élever et de s'accomplir, et pire, les renverront dans sa toxicité.

Pour aller plus loin :
academieaime.com

Chapitre 6 - Prospérité et Abondance

« L'argent est le signe visible
d'une force cosmique universelle
qui, dans sa manifestation sur la
terre, est indispensable à la
plénitude de la vie extérieure » **Aristote**

Les gens riches vivent dans un monde d'abondance ; les pauvres dans un monde de limitation.

Vous vous demandez où se situe votre abondance, en ce moment ! Vous vous dites sans doute que si l'abondance financière ne correspond pas à vos attentes, c'est qu'il faut créer votre réalité avec vos choix, vos sentiments, votre confiance, vos croyances. Vous songez, « je dois lâcher prise » ! Certes, la confiance apporte l'aisance, la certitude, la paix et la foi. Pourtant et avant toute chose, il est bon de vous rappeler que le canal financier ne pourra être débloqué tant que le physiologique et le relationnel ne le seront pas.

Le physiologique, le relationnel et l'abondance financière ne font qu'un.

Sur le plan physiologique, tant que vos glandes endocrines ne sont pas décalcifiées, tant que l'eau contenue dans les cellules et dans les neurones n'est pas devenue claire, mécaniquement, il est impossible de débloquer ce fameux canal financier. En même temps, si le canal relationnel n'a pas été libéré, vous ne pourrez agir sur le canal financier. Tout est lié. On commence par le canal physiologique, ensuite le canal relationnel et enfin le canal financier. C'est un tout auquel vous ne pouvez déroger si vous voulez que ce soit durable.

Commencez par faire le point sur votre relation avec l'argent en étant honnête avec vous-même !

La principale cause de l'échec financier

La plupart des gens veulent à tout prix débloquer le canal financier et ne veulent pas comprendre que c'est une impossibilité mécanique. Ils auront beau se taper la tête contre les murs pendant des années, la situation ne fera qu'empirer.

Pourquoi ? Je vous en ai déjà parlé. L'univers est un amplificateur, un multiplicateur. Donc à partir du moment où vous laisserez s'élever les vibrations du manque, vous continuerez à attirer du manque. Et pire encore, la vie va vous servir de plus en plus des situations de manque. Elle ne peut faire autrement.
D'autant qu'à ce moment-là que vous entendez cette petite voix et ces interrogations pernicieuses :

– « Est-ce qu'au fond de moi, je jalouse la richesse d'une personne ? »,

– « Est-ce que je songe qu'une personne plus argentée que moi ne le mérite pas ? »,

– « Inconsciemment ou consciemment, est-ce que je souhaite qu'une personne qui réussit échoue tôt ou tard ? »,

– « Est-ce qu'il m'arrive de penser que l'argent est réservé aux personnes malhonnêtes ? »

Donc vous ne faites qu'amplifier le problème du manque d'abondance et enclenchez la spirale descendante. C'est un phénomène qu'il est capital de comprendre. Et pour inverser le sens de rotation de cette spirale, il est urgent de changer vos croyances. Vous devez libérer la possibilité qui existe d'attirer l'argent dans votre vie et réussir votre indépendance financière.
Commencez par assimiler ce que vous serez en mesure de faire au niveau physiologique, puis au niveau relationnel. Ensuite seulement vous serez en capacité d'attirer « automatiquement » l'argent.

Je ne le répéterai jamais assez, l'argent, c'est une énergie. Et une énergie doit circuler. Il doit y avoir un flux au niveau de l'entrée et un flux au niveau de la sortie. Cela doit ressembler à un courant permanent comme de l'eau que l'on va mettre dans un réservoir. En fait, si vous remplissez d'eau le réservoir et que le robinet d'en bas est fermé, que se passe-t-il ? Le réservoir déborde. Certes, l'eau qui passera par-dessus bord paraîtra claire, mais en règle générale, tous les sédiments contenus au préalable dans l'eau demeureront au fond et auront pour effet de polluer le réservoir.

Pensez investissement plutôt que dépense

Si une alimentation fluide se trouve au niveau de l'entrée et de la sortie de la source, l'eau qui coulera dans le réservoir sera claire en permanence. C'est un principe à assimiler au niveau de l'argent, car c'est ainsi que fonctionne l'énergie financière. Que font la plupart des gens ? Parce qu'ils sont dans des vibrations de manque, ils cherchent à couper le robinet de sortie, c'est-à-dire à limiter les dépenses, à économiser sous par sous, toujours dans la peur du manque. Mais, parce qu'en permanence dans cette peur, ils attireront de plus en plus de manque. C'est la raison pour laquelle, ils ont du mal à s'en sortir. Ils vont à l'encontre d'une loi naturelle : la loi du flux permanent. Il est essentiel de mettre l'accent sur l'entrée, mais également sur la sortie. Plutôt que de nommer « dépense » l'argent qui sort de votre portefeuille, pensez cette action en termes d'« investissement ». Pourquoi ?

Parce que toute mise de fonds se fait avec une idée de rentabilité, de retour sur investissement. Avec une telle pensée, vous pourrez ancrer profondément dans vos neurones le principe que de l'argent qui sort, c'est de l'argent qui rentre, en permanence. Personnellement, c'est un processus dont j'use au quotidien. À chaque achat par carte ou espèce ou chèque, je considère que cet investissement doit me revenir multiplié par 10. Et c'est exactement ce qu'il se produit. Inversez la tendance et vous vivrez constamment dans les vibrations d'abondance. Et comme l'univers est un amplificateur, un multiplicateur, vous obtiendrez de plus en plus de raisons de vibrer l'abondance. Les synchronicités se mettront en place au niveau financier, et vous recevrez des sommes d'agents inespérées et inopinées.

À partir du moment où vous vous inscrivez sur un de mes programmes, vous serez nécessairement dans cette énergie. Cette semaine j'ai lancé un atelier. J'ai eu le cas de personnes qui résonnait plutôt avec leur cerveau qu'avec leur cœur. Ces hommes, ces femmes se disaient qu'ils ne disposaient pas d'argent et qu'ils ne pourraient donc pas s'inscrire. Pourtant, c'est bien la décision qu'ils ont fini par prendre : ils se sont inscrits. Pour l'un l'objectif était, bien entendu, de métamorphoser sa vie. Que s'est-il produit ? Dès le lendemain matin, quand il est allé voir sa banque en ligne, il a constaté qu'un virement inopiné était arrivé sur son compte. Un remboursement complètement inespéré de la CPAM, auquel il ne pensait même plus. De même, une femme, malgré un découvert à la banque, a osé franchir le pas et un événement s'est produit : le lendemain matin, sur sa banque online, elle a eu la surprise de découvrir un versement de la CAF.

Voilà des synchronicités qui se mettent en place. Chaque fois que vous envoyez un message clair à l'univers : « cette fois-ci, j'en ai marre, je veux absolument métamorphoser ma vie, sortir de l'esclavage du système, définitivement. J'en ai pris conscience et je reprends le pouvoir sur ma vie », et que vous rejoignez mes programmes, l'univers vous entend et directement vous donne, si je puis dire, un coup de main. Et c'est systématique, j'ai des dizaines et des dizaines de témoignages à ce sujet. Je note chaque semaine des synchronicités financières qui se mettent en place, dès qu'il y a l'impulsion, dès qu'il y a la décision et le passage à l'action pour participer à un de mes programmes. C'est garanti. Je sais que ça peut paraître magique et complètement fou. Moi-même, j'ai beau savoir comment cela se déroule, à chaque fois, je suis ébahi. C'est vraiment quelque chose d'inouï !

Quel avenir pour le numéraire, le cash ?

Concernant l'argent, les finances, vous savez que nous sommes dans un système totalement et complètement virtuel. Les dettes sont fictives et pour qu'elles demeurent bien réelles, la société va vous importuner avec des dettes, pour vous garder dans les vibrations de manque. Quelle en est l'origine ? Nous sommes passés d'un monde où nous nous servions de monnaies numéraires à un monde de monnaies numériques. Les numéraires, ce sont les billets que nous avons en poche. Or, la plupart des gens en France pensent que lorsqu'ils posent des billets en banque, cela va directement sur leur compte en banque, comme si c'était dans un tiroir-caisse ! Il y a ainsi plusieurs mythes où certaines personnes s'imaginent que le banquier, quand il prête de l'argent, va, en fait, récupérer la somme sur d'autres comptes. Ce sont des inepties. Pour schématiser, lorsque vous mettez des espèces sur votre compte, la banque va transformer cet argent numéraire en argent numérique. Ce sont des écritures dans les comptes, les ordinateurs de la banque. Et, ces écritures se traduisent en numéros, c'est-à-dire du 0 et du 1. Et par un tour de passe-passe, l'organisme bancaire vient de transformer des billets palpables, donc numéraires en monnaie numérique. C'est du virtuel. Lorsque vous vous retrouvez à découvert, c'est tout simplement une écriture comptable. Ainsi lorsque votre banquier vient vous ennuyer parce que vous êtes à découvert, vous pouvez lui dire qu'il s'agit simplement d'une écriture comptable ! Je caricature bien entendu ! Mais ceci dit, c'est exactement ce qui se produit.

Cueillir le bonheur, est-ce possible ?

« Es-tu heureux ? » « As-tu trouvé ton bonheur ? » « Es-tu satisfait ? » Ces questions sont souvent posées dans les échanges familiaux, les relations amoureuses, le travail, les projets de vie en général et au quotidien. Ce sujet est important et les publicitaires s'adonnent à une surenchère qui mêle produits et slogans.

Le système n'est pas conçu pour que les gens soient heureux. C'est un constat. Il est bâti pour que vous puissiez continuer à y évoluer. Dès votre premier cri, il met tout en œuvre pour vous voler votre pouvoir. Je sens certains sceptiques ! Pourtant, c'est un fait, vous êtes arrivé sur terre avec un pouvoir incommensurable. Or tout est organisé, dès votre naissance, pour que le système vous dérobe votre pouvoir. Il n'est pas fait pour rendre tous les êtres humains satisfaits, il en donne simplement l'illusion. Il est là pour transformer des gens en esclaves, pour qu'ils continuent à l'engraisser. Mais ce dernier vit ses derniers soubresauts, ses dernières décennies. Ceux qui tirent les ficelles du système le savent parfaitement, c'est bien pour cela qu'à l'heure actuelle, ils sont en train d'instaurer des règles et des lois de plus en plus restrictives et limitatives. Ils n'ont aucun intérêt à ce que les gens s'épanouissent, élèvent leurs vibrations. Ils accomplissent tout ce qui est en leur pouvoir pour garder la masse humaine dans les oscillations les plus basses. L'argent est l'un des vecteurs dont le système se sert pour atteindre ce but.

Et, nous l'avons vu précédemment, en dehors de l'argent, il utilise également l'alimentaire, l'agroalimentaire. De nombreuses études démontrent que l'un des principes de base est de vous faire avaler des « saloperies » – oui le mot est fort – à longueur de journée, des aliments chargés en sucre industriel, en graisses saturées et des nourritures qui n'ont plus aucun nutriment, qui n'ont plus aucun intérêt, qui ont des calories vides.

Comme on l'a vu, la « malbouffe », par ce qu'elle bouche des canaux, produits ces inversions de polarités dont je vous ai déjà parlé, au niveau relationnel en général et du couple en particulier, rendant impossible toute velléité de s'élever à deux. Et qui dit inversion de polarité, dit forcément vibrations les plus basses.

Concernant le canal financier, le système vous fait croire qu'il est possible de générer beaucoup d'argent, voire des fortunes. Or, seule une minorité se trouve suffisamment au cœur du système, pour en profiter… Et puis, quoi que vous fassiez, tout est mis en œuvre pour que, malgré vos efforts, vous ne puissiez pas vous élever de beaucoup au-dessus de la masse. Et si vous y arrivez, cela ne vous apportera à aucun moment la liberté, parce que vous restez au cœur de la mécanique. Réfléchissez !

Mon programme pour atteindre la liberté financière

J'ai un programme axé sur l'argent. Il explique qu'à l'origine, il y avait le troc. On échangeait un sac de blé contre un poulet, mais ça, c'était avant la conception de la monnaie. Je simplifie. Ensuite, on a fait en sorte que les choses soient beaucoup plus pratiques. Plutôt que de transporter des sacs de blé ou des poulets ou des bœufs... on s'est ingénié à trouver un moyen d'échange : les pièces de monnaie. Ce sont les souverains qui les ont créés constatant que, par ce biais-là, il était facile de générer de la richesse sans travailler. Comment ? En faisant œuvrer le peuple et en lui prenant une partie de ses gains. Et c'est un fait, vous ne pourrez pas me prouver le contraire ! C'est ainsi que les premiers impôts sont arrivés pour simplement permettre à quelques-uns d'être oisifs toute leur vie et de profiter du labeur d'autres personnes. Ensuite sont arrivés les grands voyageurs, qui ont commencé à faire du commerce au niveau international. Ils marchandaient alors avec des pièces d'or. Au fil du temps, voyager avec des sacs remplis de pièces d'or est devenu très dangereux du fait des brigands, un peu partout, qui les attendaient au détour d'un bois pour les dépouiller. Que s'est-il passé ? Les orfèvres florentins ont eu l'idée de conserver l'or des marchands et en contrepartie de leur remettre des billets, ou plus simplement un document appelé « lettre de change » signé de leur part. La valeur de cette lettre était donc déterminée par la quantité d'or laissée par les marchands dans leurs coffres. Et c'est ainsi qu'est née la monnaie de papier. Et très vite, les marchands florentins, très pragmatiques, plutôt que de stocker des pièces d'une manière statique, ont commencé à prêter cet or qui ne leur appartenait pas. Et donc surtout à se faire rembourser cet or, en prenant, bien entendu, un pourcentage dessus. C'est ainsi qu'ils ont commencé à s'enrichir. Ensuite, ils sont allés beaucoup plus loin, c'est-à-dire que plutôt que de prêter de l'or, ils prêtaient la contrepartie, c'est-à-dire sous forme de lettre de change. C'est ainsi que le processus s'est mis en place. Petit à petit, au lieu d'avoir dans leurs coffres la contrepartie exacte des lettres de change, ils se sont mis à éditer ces dernières pour 10 ou 100 fois la valeur qu'ils possédaient en pièces d'or. C'est à partir de ce moment-là que c'est devenu virtuel, un simple billet avait de la valeur, mais une valeur complètement virtuelle, une valeur artificielle.

C'est exactement dans ce système que vous pataugez à l'heure actuelle et vos dettes sont virtuelles. Elles ne sont que des lignes d'écritures dans des ordinateurs. Il n'y a pratiquement plus aucune contrepartie, alors que toutes les monnaies devraient avoir leur équivalent en or physique. Pourtant, on en est loin, maintenant. Il faut savoir qu'aux États-Unis le change de tous les dollars qui circulent n'est plus que de 7 % en or physique. Alors dollars numéraires, ou dollars numériques… C'est juste une information pour pouvoir démystifier l'argent.

Il est nécessaire de mettre l'accent sur le fait que l'argent est une énergie qui doit circuler. Une fois qu'elle est mise en mouvement, comme je l'ai indiqué, elle va produire en permanence le niveau de richesse de votre choix.

Je peux vous assurer qu'une fois que le canal physique et relationnel est débloqué, il ne vous restera plus qu'à mettre en place les éléments qui permettront au canal

financier d'être plus fluide. Vous vous ouvrirez à de nouveaux systèmes. Vous vous affranchirez du formatage des banques et des gouvernements.
Les humains sont des esclaves dans notre société. Il est essentiel maintenant de conquérir la liberté. Mais s'affranchir de l'esclavage est très difficile, l'histoire nous le prouve tous les jours. Prenons le cas des gladiateurs. À l'époque romaine, c'était soit des prisonniers qui voulaient recouvrer leur liberté, soit des esclaves qui voulaient s'affranchir. Ils n'avaient pas d'autre choix que de combattre et de gagner, au péril de leur vie. C'était simple : un gladiateur lorsqu'il entrait dans l'arène il n'avait que deux solutions soit il mourait, soit il gagnait. Nous sommes aujourd'hui des gladiateurs et nous devons nous affranchir de ce système qui maintient l'humanité en esclavage. Cela nécessite d'ouvrir son esprit.

Comment modifier votre état d'esprit ?

Heureusement, il existe des méthodes éprouvées pour vous libérer du carcan de l'esclavage. J'en parle très longuement dans mes programmes, car il y a des choses très précises à mettre en place. Il y a tout d'abord un entraînement particulier à effectuer au quotidien qui vous permettra de vous affranchir du système.
Mais vous verrez pourtant qu'une fois que vous aurez commencé à activer le flux d'énergie de l'argent, le flux d'énergie financier, il faudra vous protéger du système, qui mettra tout en place pour vous bloquer à ce niveau et cherchera à récupérer une grande partie de ce que vous aurez généré. Il vous faudra vous ouvrir à de

nouvelles stratégies. Voilà ce que je peux vous révéler en préambule sur l'argent.

Les gens sont de plus en plus bloqués par des questions d'argent. Je l'ai été pendant des années, c'est pourquoi je comprends parfaitement mes stagiaires, notamment lorsqu'ils doivent répondre à des défis financiers. Il fut un temps où je mettais toute ma petite monnaie dans une grande coupe et elle restait là à s'accumuler. Et tant mieux, car à plusieurs périodes de ma vie, j'ai été obligé de piocher dans la coupe des centimes pour acheter de quoi manger. Je comprends parfaitement les galères ! Je me suis vautré dedans pendant des années.

Cela est peut-être le cas pour vous. Toutefois, à partir du moment où vous changez complètement votre état d'esprit, passant de la dépendance à l'investissement, le processus se met en œuvre immédiatement et le flux se rétablit. Et ce dernier est continu si vous l'alimentez de manière permanente et éthique ; il va même être de plus en plus important.

Construisez votre réalité pour conquérir votre liberté financière

De nouvelles habitudes sont à mettre en place pour obtenir votre liberté financière. Vous devez d'abord savoir où vous en êtes exactement, sans vous mentir à vous-même. En premier lieu, vous devez lister toutes vos dépenses.

Je donne un exercice puissant à faire à mes élèves, qui leur font prendre conscience de ce dont ils ont besoin pour vivre. Je leur demande, dans un premier temps, leur revenu annuel et quels sont leurs objectifs financiers. Il y a toujours quelque chose qui revient,

comme une quête du Graal. Souvent l'objectif des personnes, qui gagnent, disons 20 000 euros, est d'avoir 1 million. Comme je l'ai déjà dit, c'est une ineptie. Pour plusieurs raisons. D'abord, il y a une telle marche à franchir que ce sera impossible. Les neurones et synapses vont affirmer à la personne qu'elle n'y arrivera jamais. Cela va provoquer un tiraillement entre ce que vous déclarez spontanément et ce que l'inconscient va accepter. Et puis, un million, mais pour quoi faire ? À quoi va-t-il servir ? Veux-tu vraiment un million ? Que veux-tu en faire précisément ? Tes envies nécessitent-elles d'avoir un million ?
D'où l'importance de faire un état des lieux. Je préconise d'aller voir le compte bancaire du mois précédent et de lister toutes les dépenses par poste. Le poste habitation, avec le remboursement de l'emprunt ou le loyer, les assurances, les éventuels travaux, les charges, etc. Ensuite le poste véhicule, avec un éventuel remboursement de crédit, la maintenance, le carburant, les péages, parking, la location d'un garage éventuellement, etc. Autre poste, l'alimentation. Notez-les. Poste produits d'hygiène et d'entretiens. Un poste vêtement. Un poste soins. Un poste loisirs. S'il y en a. Ensuite, vous extrapolez sur un an. Des « dépenses », me direz-vous ? Non, parce que je ne vais plus employer ce terme-là. Moi, je vais parler de l'investissement, même si effectivement il s'agit de sorties d'argent.
Ensuite, il faut mettre en face les entrées.

L'abondance est un état d'esprit, une stratégie

Notez tous vos revenus. C'est-à-dire tout ce qui entre, que ce soient des salaires, des revenus tirés d'activités, des aides sociales, etc. Puis vous faites un point.

On peut noter trois situations. Soit les entrées sont égales aux sorties, soit les sorties sont supérieures aux entrées, soit les sorties sont inférieures aux entrées. Ensuite, je demande de rajouter 10 % à la somme trouvée sur les sorties. Ces 10 % vont servir à épargner. Et puis à la somme totale - donc les sorties plus 10 % - rajouter encore 10 % pour les imprévus. Voilà la somme qu'il faut aller chercher à l'année. Vous placez en face les entrées et vous observez la différence. Cela permet de noter ce qu'il faut aller chercher pour déjà améliorer la situation.
Vous devrez réfléchir à de nouvelles stratégies pour générer des revenus supplémentaires.
Si les sorties sont inférieures aux entrées, vous récupérez cette somme. Vous gardez la moitié en espèce et convertissez la moitié en or physique. Je conseille à tout le monde d'acheter un mini coffre-fort pour conserver ces espèces et cet or physique. Pourquoi ? Parce que les prochaines crises sont annoncées, elles sont programmées et voulues. Et si nous devions nous retrouver dans la position de la Grèce il y a quelques années, avec l'impossibilité de retirer plus de 20 € aux distributeurs de billets, vous seriez contents d'avoir conservé ces sommes en espèce chez vous. Elles vous permettront de parer au plus pressé, de trouver des stratégies pour vous sortir de la situation. Pourquoi de l'or physique ? Parce que c'est la seule valeur échangeable mondialement.

Cessez de vous trouver des excuses, prenez conscience de ce que vous avez déjà

Une fois cet exercice effectué, prenez conscience de ce que vous possédez déjà. Faites le tour de tout ce que vous avez chez vous. Jusqu'au moindre stylo.

Faites un inventaire de tous vos biens et attribuez une valeur à chaque objet trouvé. À chaque petite cuillère, à chaque stylo, à tout ce que vous allez dénicher. Et faites le total. Pour trouver la valeur, imaginez que vous les vendez dans une brocante. Une fois que vous avez fait le total de tout ce que vous possédez, vous aurez la valeur de votre actif. Ne comptabilisez pas vos biens immobiliers, c'est à part. Je parle de l'actif que vous avez au quotidien. Il vous permet de commencer à affûter votre état d'esprit d'abondance. La plupart de mes élèves tombent des nues lorsqu'ils voient ce qu'ils possèdent déjà. Pour que le flux se rétablisse, il va falloir faire de la place. Donc tout ce qui est inutile sur votre liste, dont vous ne vous servez plus, comme les vêtements que vous n'avez pas mis depuis des années, vous en faites un lot et vous le vendez sur eBay. Et vous verrez que d'un seul coup, les vannes s'ouvriront. Pourquoi ? Parce que des choses vont partir. Il y en a qui, par ce moyen, ont pu payer ma formation. Le coût du programme ne représentait plus une dépense pour eux puisque ce dont ils se sont débarrassés n'étaient que des choses inutiles. Et c'est un cas très fréquent.
Ce sont quelques astuces qui permettent de se remettre dans l'état d'esprit d'abondance. Ce sont des exercices super à faire. Mais il faut le faire en s'amusant. C'est sympa à réaliser et permet de prendre conscience que vous vivez déjà, pour la plupart, en abondance.

Vous pensez sans doute que les choses devenues inutiles peuvent être tout simplement données. Est-ce que l'effet sera le même ? Non. L'effet ne peut pas être le même lorsqu'on donne. Tout simplement parce que vous n'aurez pas l'impression de remettre en marche le flux d'abondance. Quand vous offrez, vous n'avez pas cette contrepartie financière. Je ne dis pas qu'il ne faut

pas donner, mais l'exercice que je propose de faire, c'est de vendre sur eBay. Pour réactiver l'état d'esprit d'abondance. Ce sont des exercices salutaires qui font partie du programme.
Lorsque vous commencez à prendre conscience de ce dont vous avez vraiment besoin pour vivre – j'en reviens à ce que je disais sur le fameux million – à savoir les dépenses auxquelles vous ajoutez 10 %, et encore une fois 10 % de la totalité, vous savez que vous avez une sécurité, certes relative, mais c'est un confort au niveau de votre esprit. Vous avez une partie d'épargne, donc vous reprenez un peu le pouvoir sur les finances. Et vous avez de quoi faire face aux imprévus. Cela étant, vous ne vous occupez plus de rien. Vous n'êtes plus dans le manque.

Engagez-vous à vous faire plaisir

« ***Ton premier devoir consiste à te rendre heureux toi-même. Si tu es heureux, tu rendras les autres heureux*** »
Ensuite je vous questionnerai sur vos objectifs. Un des éléments essentiels du flux d'abondance, c'est de se faire plaisir. Dans nos sociétés, il est devenu difficile de se faire plaisir tant la domination financière est importante : « *qui ne s'est pas pris la tête avec les finances* ? » Il est important de se faire plaisir, systématiquement. C'est pour cela que j'insistais sur le poste loisirs. Vous devrez attribuer un montant au poste loisirs. Quels qu'ils soient. Inutile de vouloir faire le tour du monde. Un voyage autour du monde est plutôt un objectif. Simplement trouver des choses accessibles pour se faire plaisir au moins chaque mois, par exemple, un restaurant, se rendre à Euro Disney, un vêtement dont vous avez envie. Il est important d'attribuer systématiquement un budget pour se faire

plaisir. C'est uniquement ainsi que le flux d'abondance sera rétabli. C'est un élément essentiel.

Tirez le meilleur parti des possibilités infinies qui vous attendent

Ensuite, je vous demanderai de vous fixer des objectifs. Bien souvent, les réponses tournent autour de biens matériels, et c'est normal ! Je vous demanderais d'aller voir le prix de ce qui vous fait envie.
Si vous désirez une Ferrari, sachez qu'elle coûte 200 000 euros. Mais demandez-vous d'abord pourquoi la désirez-vous. Pour paraître plus important aux yeux de votre voisin ? Pour épater la galerie ? Pour sentir l'odeur du cuir des sièges ? Pour entendre le bruit du moteur ? Pour le plaisir de vous installer à son volant… ? Selon la raison, la motivation ne sera pas la même. Pourquoi la voulez-vous ? C'est déjà une énorme question à laquelle vous devez répondre. Vous définissez votre choix. Il faut qu'il soit cohérent. C'est pour vous faire plaisir, ou pour un investissement, parce que cela va prendre de la valeur ?
Ensuite, qu'aimeriez-vous faire ? Un tour du monde ? Qu'est-ce que cela vaut ? Maintenant c'est très accessible. Vous pouvez visiter la planète pour 15 000 euros.
Que voulez-vous d'autre ? Un appartement à au bord de la mer ou à la montagne ? Listez tout cela. Et posez-vous des questions. La Ferrari, par exemple, si sentir l'odeur du cuir vous fait plaisir, avez-vous pour autant besoin de l'acheter, d'être propriétaire d'une voiture de luxe ? Pour moi la réponse est clairement non. Faites-vous plaisir en conduisant une Ferrari de temps en temps, le week-end par exemple, en la louant pour 2 000 euros. Combien de week-ends allez-vous la

louer par an ? Même avec 30 week-ends, le montant s'élève à 60 000 au lieu de 200 000. Cela n'a plus rien à voir !

Tout ce qui est mobile sur terre, sur mer, dans les airs, plutôt que d'acheter, louez-le. Vous pouvez obtenir ce que vous désirez, mais avec des stratégies spéciales, voilà ce que je veux que vous compreniez. Et pas besoin d'un million ! Souvent on se retrouve avec des sommes trois à quatre fois inférieur. Et alors, le million qui était inaccessible et avec lequel vous étiez en conflit au niveau des neurones se transforme en 200 000 euros, beaucoup plus accessibles.

Voilà la quintessence de l'exercice, qui permet de démystifier et d'être beaucoup plus confortable avec les notions d'argent. Dans le même temps, c'est beaucoup plus « rationnel ».

Réalisez votre plein potentiel

Vous, vous n'êtes pas de ces personnes qui ambitionnent des revenues plus haut que nécessaire. Vous pensez au contraire ne pas cibler assez haut ! Eh bien, c'est ce que j'exprime quand je vous dis : « vous êtes en conflit ». Les gens s'imaginent : « pour mener la vie que je veux, il me faut un million. Mais je ne l'aurais jamais. Donc ça ne sert à rien. Je vais me contenter de ma petite vie et ça sera très bien comme cela, ce sera beaucoup plus confortable. » Et c'est la plupart du temps ce qui se produit ; les gens vont se limiter volontairement. Et sur ce point, c'est également une ineptie. L'existence n'est pas faite pour être vécue de manière limitée, mais pour être vécue dans l'abondance à tous les niveaux et dans tous les domaines.

C'est un principe qui est clair et juste. Avez-vous entendu parler de ce rappeur qui a créé une vidéo qui lui a coûté un million d'euros ! Ce n'est pas la conception du clip qui a nécessité une telle somme. Non ! C'est le fait que ce chanteur allait à la rencontre de personnes modestes et leur offrait des liasses de billets. Il partait du principe que ces gens avaient besoin à un instant T de ses dons. Il offrait et pourtant, il était toujours aussi riche. Son entourage pensait que c'était un fou de distribuer de l'argent à des inconnus et qu'il allait se ruiner, mais non. Il a compris l'énergie de l'argent. Il a remis en marche le flux. Ce système fonctionne aussi bien pour les personnes à revenus modestes que pour les personnes à hauts revenus.

En ce qui me concerne, ce que je gagne est réinjecté d'une manière massive dans l'économie de l'île. Et pour mes équipes. Je ne suis pas tout seul pour faire fonctionner mon programme. J'ai des free-lances, parfois des personnes qui ont été mes élèves et qui deviennent mes collaborateurs. J'ai réactivé le flux d'abondance il y a quelques années de ça. Cela fait partie de mon parcours, un déclic, encore un morceau du puzzle reconnecté au reste. Tout ce que je vous dis fait partie d'un déclic. Lorsque je l'ai compris et assimilé, ma vie a été métamorphosée radicalement.

Pour aller plus loin :
academieaime.com

Chapitre 7 – A titre de conclusion.

« ***Si tu veux changer ton monde, commence par changer celui qui est dans ton miroir*** ».

Un jour, il ne me restait que 80 cents en poche. Même pas assez pour acheter une corde pour me pendre ! J'avais tout perdu, mes amis, ma famille, mon travail, mon argent. J'ai alors décidé d'appréhender mon existence comme je ne l'avais jamais vécu avant.

À l'aide de mes programmes, créez la vie que vous avez toujours voulu avoir. Surmontez les obstacles qui vous empêchent de devenir financièrement indépendant.

Mon expertise porte sur la manière dont les croyances affectent nos vies parce que je l'ai éprouvée. Je vous conduirai au succès financier et personnel parce que je le vis. Tout simplement.
Si les animaux vivent sans réflexion, l'être humain, lui, s'interroge sur ce qu'il attend de la vie. Être libre, c'est croire en soi et en ses rêves. C'est sortir de sa zone de confort.

Les personnes qui réussissent ne sont que des gens ordinaires qui ont développé la foi en eux-mêmes et en ce qu'ils font. Si vous développez de petits objectifs, attendez-vous à atteindre de petits résultats. Développez de grands objectifs et vous obtiendrez de grands résultats !

Pauvreté et richesse ne sont que le résultat d'un état d'esprit. Je vous apprendrais comment atteindre l'indépendance financière en changeant votre façon de penser.

Le bonheur, qu'est-ce que c'est finalement ? Quelque chose d'absolu et de propre à chacun. Mais avant tout une émotion. La sensation que tout vous réussit et que tout vous est possible : santé, amour, indépendance financière.

Le plus grand obstacle au bonheur est la peur, le plus beau jour de votre vie, c'est aujourd'hui.
Pour cela, vous avez mes programmes à votre disposition, votre destinée, le meilleur, en dépend.

Et je vous souhaite sincèrement ce meilleur dans vos vies.

Jean-Luc

Pour aller plus loin :
academieaime.com

Pour vous faire une idée plus précise :
http://bit.ly/temoignages-jln